# Die Desserts unserer Großmütter

**ALETH THOMAS**
**STÉPHANIE GENTILINI**

**FOTOGRAFIEN UND FOODSTYLING VON**
**SOIZIC CHOMEL DE VARAGNES**

# Inhalt

# Desserts nach Jahreszeit

Sobald die Frühlingssonne zurückkehrt, füllen sich auch schon die Erntekörbe mit Früchten, begleitet von Lachen und Plaudereien. In einen Korb gelegt, sind die ersten Früchte Vorboten des langersehnten Sommers und bringen in das im Winter eingeschlafene Haus wieder neues Leben.

Äpfel, Birnen, Trauben, Hasel- und Walnüsse — viele Boten verkünden die Ankunft des Herbstes! Es ist kühler geworden, und das warme Oktoberlicht scheint auf Apfelbäume voller purpurroter und goldener Früchte unter üppigem Blattwerk, das sich allmählich gelb verfärbt. Die Rebstöcke hängen schon voller Trauben, und bei Sonntagsspaziergängen durch raschelndes Laub legt man Vorräte von Walnüssen, Haselnüssen und Kastanien an.

Im Winter scheinen die Nächte unendlich lang — mit Regen, Schnee und eisigem Nordwind verabschiedet sich das Jahr. Den blassen Strahlen einer kraftlosen Sonne gelingt es nicht mehr, die in Dunst gehüllte Stimmung zu erwärmen. Was gibt es Gemütlicheres, als sich drinnen im Warmen einen herrlichen Kuchen schmecken zu lassen, dessen Geruch allein schon die kalte Jahreszeit vergessen lässt.

 *Genießer verwenden für diese Tarte frische, duftende Beeren und überlassen es den kulinarischen Theoretikern, über den Ursprung der Erdbeere zu philosophieren: Wurde sie 1714 von Herrn Frézier entdeckt, einem bretonischen Kapitän, der sie aus Chile mitbrachte, oder war sie schon in der Steinzeit bekannt?*

# Erdbeertarte

200 ml Milch
1 Vanilleschote
1 Eigelb
40 g Zucker
15 g Mehl oder Maisstärke
etwas Butter für die Form
250 g Mürbeteig
Hülsenfrüchte fürs Vorbacken
500 g Erdbeeren
1 kleine Schale rotes
    Johannisbeergelee
ein paar Tropfen roter Fruchtlikör
    (z. B. aus Erdbeeren oder
    Himbeeren)

## Großmutters Geheimnis

**Falls Sie ein paar Macarons vom Vortag übrig haben, zerbröseln Sie sie fein und geben Sie sie mit in die Creme.**

Backofen auf 180 °C vorheizen.

Milch mit aufgeschlitzter Vanilleschote in einem Topf aufkochen und einen Moment ziehen lassen.

Eigelb mit Zucker in einer Schüssel schaumig schlagen. Mehl – oder Maisstärke für eine leichtere Creme – und Milch zufügen, dabei die Masse weiter gut verrühren.

Creme in einen Topf gießen, aufkochen lassen und dabei kontinuierlich umrühren, bis die Creme dickflüssiger wird.

Eine eingefettete Tarteform (am besten mit herausnehmbarem Boden) mit dem Teig auslegen. Teig mit der Gabel einstechen, dann mit einem Kreis aus Backpapier bedecken und mit einer Handvoll Hülsenfrüchte belegen.

10 Minuten im vorgeheizten Ofen backen. Hülsenfrüchte und Backpapier entfernen. Creme auf den vorgebackenen Mürbeteig verstreichen und für weitere 20 Minuten in den Ofen stellen.

Erdbeeren waschen und entstielen, je nach Größe gegebenenfalls halbieren. Auf der Tarte verteilen.

Johannisbeergelee kurz mit ein paar Tropfen des roten Fruchtlikörs erhitzen und die Erdbeeren damit bepinseln.

 *Der Sage nach waren Himbeeren ursprünglich weiß. Ida, die Amme des Zeus, wollte einige der Beeren für ihren Schützling pflücken. Sie bückte sich, um die saftigsten auszusuchen und verletzte sich durch die Stacheln an der Brust, sodass das Blut auf die Beeren tropfte. Erst seit jenem Tag, heißt es, haben Himbeeren die Farbe von Blut.*

# Himbeertarte

250 g Mehl
½ Päckchen Backpulver
80 g Zucker
125 g weiche Butter
   + etwas Butter für die Form
Hülsenfrüchte fürs Vorbacken
500 g Himbeeren
½ Glas rotes Johannisbeergelee

Mehl, Backpulver, Zucker und weiche Butter in einer Schale zu einem glatten Teig verarbeiten. Eine Teigkugel formen und 30 Minuten kalt stellen.

Backofen auf 180 °C vorheizen.

Teig ca. 5 Millimeter dick ausrollen, vorsichtig in eine großzügig eingefettete Tarteform legen. Mit einer Gabel einstechen, mit einem Kreis aus Backpapier bedecken und mit einer Handvoll Hülsenfrüchte belegen.

Ca. 15 Minuten im vorgeheizten Ofen backen. Papier und Hülsenfrüchte entfernen und weitere 5 Minuten goldbraun backen. Abkühlen lassen.

Tarteboden vollständig mit frisch gepflückten Himbeeren bedecken.

Johannisbeergelee mit etwas Wasser in einem Topf erhitzen. Früchte damit großzügig bepinseln.

## Großmutters Geheimnis

**Die Aufbewahrung von Himbeeren ist schwierig:**
**Pflücken Sie immer nur so viele, wie Sie gerade brauchen.**

 *In Europa hielt der Rhabarber im 13. Jahrhundert Einzug. Mönche bauten ihn zuerst für medizinische Zwecke an. Ab dem 16. Jahrhundert erlangte die Pflanze größere Verbreitung. Doch erst im 18. Jahrhundert wurde sie auch als Nahrungsmittel immer beliebter.*

# Rhabarber-Erdbeer-Tarte

125 g weiche Butter
  + etwas Butter für die Form
250 g Mehl
½ TL Salz
500 g Rhabarber
150 g Zucker
1 Vanilleschote
500 g Erdbeeren (küchenfertig)
etwas Puderzucker

## Großmutters Geheimnis

**Im Gegensatz zu anderen Früchten schmeckt Rhabarber umso säuerlicher, je reifer er ist! Es genügt daher, ihn vor seiner vollen Reife zu ernten, d. h., wenn seine Stängel mehr grün als rot sind, um ein süßeres Kompott zu erhalten. Sie können das Kompott auch süßen, indem Sie 2 oder 3 Esslöffel frische Sahne zufügen.**

Weiche Butter in Flöckchen zum Mehl geben und rasch verkneten (die Butter darf nicht schmelzen). Salz in 150 Milliliter Wasser auflösen. Flüssigkeit zum Teig geben, um eine nicht zu weiche und nicht zu trockene Teigkugel zu erhalten.

Rhabarber putzen, dabei die feine rote Haut entfernen, die ihn überzieht. Die Haut oben am Stängel mit einem Messer lösen und bis zum anderen Ende abziehen. Rhabarber in 3–4 Zentimeter lange Stücke schneiden. Der Rhabarber ist dadurch weniger faserig.

Rhabarber 10 Minuten mit Zucker und Vanilleschote in 100 Milliliter Wasser aufkochen. Am Ende der Garzeit Vanilleschote entfernen.

Rhabarber über einem Sieb abtropfen lassen und dabei den Saft auffangen. Rhabarber in einer Schüssel mit einer Gabel zerdrücken.

Eine eingefettete Tarteform mit Teig auslegen, mit einer Gabel einstechen und 15 Minuten bei 200 °C vorbacken.

Ofentemperatur auf 150 °C herunterschalten. Rhabarberkompott über dem Teig verteilen und weitere 10 Minuten im Ofen garen. Abkühlen lassen.

Rhabarbersaft zu einem leichten Sirup reduzieren.

Kurz vor dem Servieren die Tarte mit in Scheiben geschnittenen Erdbeeren belegen. Mit Rhabarbersirup bepinseln und mit Puderzucker bestreuen.

 *Marie-Antoine Carême, ein berühmter französischer Konditor aus dem 19. Jahrhundert, ist der Erfinder der Pariser Charlotte. Er kreierte dieses weltbekannte Dessert zu Ehren von Königin Charlotte, der Frau des englischen Königs George III. Danach bereitete er es auch für zahlreiche andere Herrscherhäuser zu, die seine Kochkunst in Anspruch nahmen.*

# Erdbeercharlotte

800 g Erdbeeren
1 Zitrone
120 g + 2 gehäufte EL Zucker
1 EL Brombeergelee
300 g Crème fraîche
ein paar Tropfen Vanillearoma
3 Blätter Gelatine
30–35 Löffelbiskuits
einige Blättchen frische Minze

## Großmutters Geheimnis

**Für eine noch saftigere Charlotte können Sie die Biskuits mit einem Sirup aus Kirschwasser, Erdbeer- oder Himbeerlikör tränken. Tauchen Sie die Biskuits nur wenige Sekunden ein, damit sie nicht aufweichen. Ihre Charlotte wird noch schöner, wenn Sie nur die flache Seite der Biskuits tränken, da sich so der Zucker auf der gewölbten Seite nicht auflöst.**

Erdbeeren waschen und entstielen, einige Früchte für die Dekoration zur Seite legen und die anderen klein schneiden.

500 Gramm Erdbeeren mit dem Saft einer halben Zitrone, 40 Gramm Zucker und Brombeergelee marinieren.

Die sehr kalte Crème fraîche in einer Schüssel steif schlagen. Sobald sie schaumig wird, den restlichen Zucker und ein paar Tropfen Vanillearoma zufügen.

Gelatineblätter in kaltem Wasser einweichen und in 2 Esslöffeln heißem Wasser auflösen. Abkühlen lassen. Gelatine vorsichtig unter die Creme mischen, Erdbeeren zufügen.

Charlottenform mit Backpapier oder Alufolie auslegen. Boden mit Biskuits (gewölbter Teil zur Form hin) auslegen, Biskuits auch stehend am Rand verteilen, dabei die Enden abschneiden, falls sie überstehen.

Hälfte der Form mit der Erdbeermasse füllen, mit einer Biskuitschicht bedecken und restliche Masse einfüllen. Mit einer weiteren Biskuitschicht abschließen.

Mit Backpapier bedecken und mit einem Teller beschweren. Etwa 12 Stunden kalt stellen.

Kurz vor dem Servieren die Soße zubereiten: 300 Gramm Erdbeeren mit 2 gehäuften Esslöffeln Zucker und dem Saft der übrig gebliebenen halben Zitrone in einem Mixer pürieren. Charlotte aus der Form nehmen, mit Minzblättern und den beiseitegelegten Erdbeeren dekorieren, zusammen mit der Soße servieren.

 *Es wird berichtet, dass einmal ein Konditor ein Savoyer Biskuit zubereitet hat, bei dem das Eiweiß nicht richtig steif wurde. Um den Makel zu überdecken, fügte er Butter hinzu und überzog den Kuchen mit Krokant. Dieses Rezept war so gut, dass man es fortan „verfehltes Biskuit" nannte. Man entwickelte hierfür sogar eine eigene Form — die Springform.*

# Aprikosenkuchen

500 g reife Aprikosen
150 g Zucker
180 g weiche Butter
  + etwas Butter für die Form
etwas Salz
200 g Mehl
3 große Eier
50 g gemahlene Mandeln
ein paar Tropfen Vanillearoma
1 Handvoll gehobelte Mandeln

Backofen auf 210 °C vorheizen.

Aprikosen waschen, entsteinen und vierteln.

Zucker, Butter und eine Prise Salz in einer Schüssel schaumig rühren.

Nacheinander etwas Mehl, Eier, gemahlene Mandeln, Vanillearoma sowie restliches Mehl zufügen.

Hälfte der gehobelten Mandeln in einer eingefetteten Springform verteilen und mit der Hälfte des Teigs bedecken. Aprikosenviertel verteilen und den restlichen Teig sowie die übrigen Mandeln darübergeben. Etwa 45 Minuten im vorgeheizten Ofen backen.

## Großmutters Geheimnis

**Warten Sie einen Moment, nachdem Sie den Kuchen aus dem Ofen genommen haben, denn er lässt sich lauwarm viel besser aus der Form lösen.**

*In einigen französischen Regionen hört man heute noch den Spruch: „An St. Magdalena (22. Juli) ist die Mandel voll". Diese Tarte verbindet die süße Säure der Aprikose mit der feinen Süße der Mandelcreme und ist eine wahre Köstlichkeit, die unsere Geschmacksnerven frohlocken lässt.*

# Mandeltarte mit Aprikosen

200 g Mehl
90 g gemahlene Mandeln
180 g Zucker
etwas Salz
200 g Butter
  + etwas Butter für die Form
2 große Eier
1 kg reife Aprikosen
Hülsenfrüchte fürs Vorbacken

### Großmutters Geheimnis

**Der sehr krümelige Teig macht dieses Dessert besonders fein, das Herausnehmen aus der Form aber zu einer kniffligen Angelegenheit: Sie sollten am besten eine Porzellanform benutzen, die Sie direkt auf den Tisch stellen können.**

Mehl, 40 Gramm gemahlene Mandeln, 100 Gramm Zucker und eine Prise Salz vermischen. 150 Gramm weiche Butter zufügen und zu einem krümeligen Teig verarbeiten. 1 Ei unterkneten.

Aus dem Teig eine Kugel formen. Mit einem sauberen Küchentuch abdecken und 30 Minuten an einem kühlen Ort ruhen lassen.

Aprikosen waschen, halbieren und entsteinen.

Backofen auf 180 °C vorheizen.

Boden einer eingefetteten Tarteform sorgfältig mit Teig auslegen. Mit einer Gabel einstechen, darauf einen Kreis aus Backpapier sowie Hülsenfrüchte legen und 15 Minuten im vorgeheizten Ofen backen.

Restliche gemahlene Mandeln mit 50 Gramm Zucker, restlicher weicher Butter und dem übrigen Ei in einer Schale mit einer Gabel zu einer glatten Creme verrühren.

Form aus dem Backofen nehmen und Hülsenfrüchte sowie Backpapier entfernen. Creme auf dem Boden der Tarte verteilen und mit Aprikosenhälften (gewölbter Teil nach unten) belegen.

Gegebenenfalls mit übrig gebliebenen Teigresten ein Kreuzgitter formen und Tarte mit dem restlichen Zucker bestreuen.

Tarte im vorgeheizten Backofen ca. 25–30 Minuten weiterbacken.

 *Nicht nur Kinder lieben sie, die allseits bekannten Weinbergpfirsiche, am besten direkt vom Baum gepflückt, mit ihrem zart schmelzenden Fruchtfleisch. Zurück zu Hause wird der Appetit durch ihren einzigartigen Duft aus dem Ofen noch gesteigert!*

# Cremiger Pfirsichkuchen

5 Pfirsiche oder Nektarinen
5 EL Orangenlikör (Grand Marnier)
2 große Eier
80 g + 2 EL Zucker
140 g + 1 EL Crème fraîche
1 TL Backpulver
180 g Mehl
etwas Butter für die Form
2 Eigelb
1 Päckchen Vanillezucker
2 EL gehobelte Mandeln

### Großmutters Geheimnis

**Bei diesem köstlichen Kuchen können auch etwas überreife Früchte verwendet werden. Der Teig bringt ihr Aroma voll zur Geltung und verbirgt ihre äußere Erscheinung.**

Pfirsiche für einige Sekunden in kochendes Wasser legen, Schale abziehen. Pfirsiche halbieren, entsteinen und ca. 20 Minuten in Orangenlikör einlegen.

Eier und 80 Gramm Zucker in einer Schüssel schaumig schlagen, 140 Gramm Crème fraîche zufügen. Das mit dem Backpulver vermengte und gesiebte Mehl mithilfe eines Spatels unterheben.

Teig in eine runde, großzügig eingefettete Kuchenform von ausreichender Größe geben – er darf nicht höher als 2 Zentimeter sein.

Backofen auf 180 °C vorheizen.

Pfirsiche über einem Sieb abtropfen lassen, Marinade auffangen. Pfirsiche auf dem Teig verteilen.

Eigelb, 2 Esslöffel Zucker, Vanillezucker, 1 Esslöffel Crème fraîche, gehobelte Mandeln und Pfirsichmarinade vermischen, gut verrühren und zwischen die Früchte gießen.

Im vorgeheizten Ofen 15 Minuten backen, dann die Backofentemperatur auf 200 °C steigern und weitere 25 Minuten backen, dabei den Kuchen mit Alufolie abdecken. Warm oder kalt servieren.

*An einem schönen Spätsommernachmittag gibt es nichts Köstlicheres als eine saftige Feige direkt vom Baum. Sie sollten es den Köchinnen von früher gleichtun und bereits aufgeplatzte Feigen sofort verzehren und für dieses Gratin weniger reife Früchte verwenden.*

# Feigengratin

12 Feigen
1 Ei
25 g Puderzucker
25 g Butter
25 g Mandeln (gemahlen)
1 Schale Erdbeeren, Himbeeren
   oder schwarze Johannisbeeren
Saft von ½ Zitrone
2 EL Zucker
2 EL rote bzw. schwarze
   Johannisbeeren oder
   Himbeeren

Backofen auf 190 °C vorheizen.

Feigen waschen, mit einem Messer von der Spitze aus bis auf halbe Höhe kreuzförmig einschneiden, dabei die vier Ecken vorsichtig auseinanderziehen.

Ei trennen. Eigelb und Puderzucker schaumig rühren. Nacheinander die sehr weiche Butter und gemahlene Mandeln zufügen und unterrühren.

Eiweiß sehr steif schlagen und vorsichtig unterheben.

Feigen in eine feuerfeste Form stellen, ins Innere jeder Feige etwas von der Creme gießen.

Etwa 10 Minuten im vorgeheizten Ofen backen. Die Früchte müssen innen warm und die Creme muss goldbraun sein.

Für die Soße Beerenobst, Zitronensaft und Zucker in einem Mixer pürieren.

Gratin aus dem Ofen nehmen, etwas abkühlen lassen, mit der Fruchtsoße servieren. Mit roten oder schwarzen Johannisbeeren bzw. Himbeeren dekorieren.

## Großmutters Geheimnis

**Mit Himbeeren wird Ihr Dessert mild und süß, mit Johannisbeeren wird es kräftiger, duftender, säuerlicher.**

*Die Früchte, die in der französischen Region Limousin traditionellerweise für dieses Gericht verwendet werden, sind kleine Schwarzkirschen. Nach dem Essen zählte jeder am Tisch die Anzahl der Kirschkerne auf seinem Teller, und der mit den meisten hatte gewonnen!*

# Kirschauflauf

1 kg reife Schwarzkirschen oder
  Schattenmorellen (frisch oder
  aus dem Glas)
150 g Mehl
150 g Zucker
3 Eier
75 g Butter
  + etwas Butter für die Form
400 ml Milch
2 EL Kirschwasser nach Belieben
2–3 Tropfen Bittermandelöl
1 EL Puderzucker zum Bestreuen

Kirschen waschen und entstielen. Im traditionellen Rezept bleiben sie ganz, sie können aber auch entsteint verwendet werden.

Backofen auf 180 °C vorheizen.

Mehl in eine Schüssel sieben, in der Mitte eine Vertiefung eindrücken. 150 Gramm Zucker zufügen, Eier hineinschlagen und mit dem Rührbesen vermischen. Nach und nach unter ständigem Rühren geschmolzene Butter, Milch und Kirschwasser nach Belieben zufügen. Die Konsistenz des Teigs muss glatt, cremig und dicker als ein Crêpesteig sein. Kirschen mit Bittermandelöl aromatisieren.

Ton- oder Porzellanform großzügig einfetten. Kirschen auf dem Boden verteilen, Teig darüber gießen.

Im vorgeheizten Ofen 45–50 Minuten backen. Leicht mit Puderzucker bestreuen und lauwarm servieren.

## Großmutters Geheimnis

**Falls Sie von einer vorhergehenden Mahlzeit noch ein Eiweiß übrig haben, schlagen Sie es sehr steif und heben Sie es unter den Teig. Er wird dadurch leichter und luftiger.**

*Kirschen werden als die ersten Früchte des Sommers immer mit besonderer Freude erwartet. Ursprünglich wurde dieses Rezept mit Bauernbrotscheiben zubereitet, aber die Armen Ritter sind weitaus feiner mit altbackener Brioche.*

# Beschwipste Arme Ritter mit Kirschen

750 g Kirschen
175 g Zucker
etwas Zimt
¼ l Roséwein
6 dicke Scheiben Brioche
40 g weiche Butter
1 EL Speisestärke

## Großmutters Geheimnis
**Servieren Sie dieses Dessert sofort, denn es ist warm noch köstlicher.**

Kirschen waschen, entstielen und entsteinen.

Kirschen mit 125 Gramm Zucker, Zimt und Wein 20 Minuten bei schwacher Hitze in einem Topf köcheln lassen. Zuvor 3 Esslöffel Wein entnehmen und beiseitestellen.

Briochescheiben auf beiden Seiten mit Butter bestreichen, mit restlichem Zucker bestreuen und unter dem Backofengrill karamellisieren.

Kirschen über einem Sieb abtropfen lassen und dabei den Sud auffangen. Stärke in den 3 Esslöffeln Wein auflösen, mit Kirschsud mischen, erhitzen und langsam umrühren.

Die goldbraunen Briochescheiben auf einen Servierteller legen, mit abgetropften Kirschen garnieren und mit gebundenem Saft übergießen.

*Zabaione stammt ursprünglich aus Italien. Sie wurde früher zu warmen Puddings serviert oder gab frisch gepflückten Früchten das gewisse Etwas. Zunächst erfolgte ihre Zubereitung ausschließlich mit Weißwein, wird dieser durch Asti oder Champagner ersetzt, bekommt das schaumige Dessert einen Hauch von Festlichkeit!*

# Obstgratin mit Zabaione

4 Eigelb
4 EL Zucker
3 EL Weißwein
1 EL Orangenlikör (Grand Marnier)
500 g gemischte rote Früchte
    (z. B. rote und schwarze
    Johannisbeeren, Himbeeren und
    Brombeeren)

Eigelb, Zucker und Weißwein in einer Edelstahlschüssel verrühren.

Schüssel auf einen breiten Topf mit kochendem Wasser stellen und dabei kräftig mit dem Schneebesen rühren, bis die Masse ihr Volumen verdoppelt hat und dickflüssig geworden ist. Orangenlikör zufügen.

Früchte waschen, putzen, trocken tupfen und auf kleine feuerfeste Dessertschalen verteilen. Mit der Zabaione übergießen.

Kurz unter den Backofengrill stellen und sofort servieren.

## Großmutters Geheimnis

**Die Zabaione wird erst kurz vor dem Servieren zubereitet. Wenn Sie sie trotzdem schon früher vorbereiten wollen, sollten Sie vor dem Kochen ½ Teelöffel Maisstärke zugeben, die Sie im Weißwein auflösen. Die Zabaione wird dann zwar etwas dickflüssiger sein, aber nicht zusammenfallen. Sie können auch die roten Früchte durch gelbe ersetzen: Aprikosen, Pfirsiche, in feine Spalten geschnittene Birnen ...**

*Mütter wissen um die Qualitäten dieser an Vitamin A und C reichen Frucht. Aber wussten Sie, dass die englischen Piloten im Zweiten Weltkrieg in ihrer Essensration Heidelbeergelee bekamen, um ihre Sehschärfe zu verbessern?*

# Heidelbeertarte

200 g Mehl
100 g Butter
½ TL Salz
500 g Heidelbeeren
2 Eier
75 g Zucker
100 g gemahlene Mandeln
80 g geschmolzene Butter
2 Tropfen Vanillearoma

Backofen auf 200 °C vorheizen.

Mehl in eine Schüssel geben. Butter in Flöckchen, Salz und wenige Esslöffel Wasser zufügen und verkneten. Mit den Händen rasch eine Kugel formen, ohne zu lange zu kneten. Eine Stunde kalt stellen.

Teig ausrollen und eine Tarteform damit auslegen. Teig mit einer Gabel einstechen und eine kleinere Tarteform zum Beschweren daraufstellen. Etwa 10 Minuten im vorgeheizten Ofen vorbacken.

Heidelbeeren putzen, waschen, trocken tupfen und auf dem Teigboden verteilen. In einer Schüssel Eier mit Zucker, gemahlenen Mandeln, geschmolzener Butter und Vanillearoma verrühren.

Creme über die Heidelbeeren geben und weitere 40 Minuten backen.

Die Tarte in Stücke teilen und warm, fast noch heiß, jeweils mit einer Kugel Vanilleeis oder kalt mit Puderzucker bestreut servieren.

### Großmutters Geheimnis

**Falls Sie die Heidelbeeren durch Johannisbeeren ersetzen wollen, fügen Sie der Creme 1 gehäuften Esslöffel Kristallzucker zu.**

*„Wenn es im September donnert, gibt es viele Pflaumen im nächsten Jahr", lautet eine Bauernregel. Auch wenn man schon vergessen haben sollte, wie das Wetter im letzten September war — wenn der Pflaumenbaum voller Früchte hängt, glaubt man sich gewiss an die eine oder andere Gewitternacht erinnern zu können …*

# Pflaumentarte

200 g Mehl
100 g Butter
  + etwas Butter für die Form
½ TL Salz
Hülsenfrüchte fürs Vorbacken
750 g Pflaumen (bzw. Mirabellen
  oder Zwetschgen)
1 EL Grieß
3 EL Zucker

## Großmutters Geheimnis

**Kombinieren Sie für eine abwechslungsreichere Präsentation zwei Fruchtsorten mit unterschiedlicher Farbe bzw. Größe. Legen Sie z. B. Mirabellen in die Mitte und Zwetschgen außen herum.**

Backofen auf 220 °C vorheizen.

Mehl in eine Schüssel geben. Butter mit einem Messer in sehr kleine Stücke schneiden. Salz und wenige Esslöffel Wasser zufügen und verrühren. Mit den Händen rasch eine Kugel formen, ohne zu kneten. Eine Stunde kalt stellen.

Teig ausrollen und eine gebutterte Tarteform mit ca. 24 Zentimeter Durchmesser damit auslegen. Teig mit einer Gabel einstechen und mit einem Kreis aus Backpapier bedecken. Hülsenfrüchte darauf verteilen.

Teig ca. 10 Minuten vorbacken.

Währenddessen Pflaumen waschen, halbieren und entsteinen.

Form aus dem Ofen nehmen und Backpapier sowie Hülsenfrüchte entfernen. Grieß mit 1 Esslöffel Zucker vermischen und den Teig damit bestreuen. Diese Schicht nimmt beim Backen den austretenden Fruchtsaft auf, damit der Teig knusprig bleibt.

Pflaumen mit der gewölbten Seite nach unten auf dem Teigboden verteilen, sie bewahren so besser ihren Saft. Mit dem restlichen Zucker bestreuen und ca. 30 Minuten backen.

 *Wenn der große Einmachtopf die Küche mit Wohlgeruch erfüllt und unsere ganze Aufmerksamkeit erfordert, sind Tartes und Kuchen schnell vergessen. Groß und Klein lieben es, sich mit einem roten Obstsalat verwöhnen zu lassen — frisch und farbenfroh. Wetten, dass sich niemand beschweren wird?*

# Roter Obstsalat

je 1 Handvoll rote Früchte der
    Saison, z. B.
1 Handvoll Himbeeren
1 Handvoll Erdbeeren
1 Handvoll Brombeeren oder
    Kirschen
1 Handvoll rote Johannisbeeren
1 Handvoll schwarze
    Johannisbeeren
2 EL Brombeer- oder
    Himbeergelee
2 EL Zucker
Saft von ½ Zitrone
4 Blättchen frische Minze

Alle Früchte außer den Himbeeren waschen und vorsichtig in ein sauberes Küchentuch legen. Erdbeeren entstielen und je nach Größe halbieren oder vierteln. Kirschen entsteinen.

Fruchtgelee und Zucker mit Zitronensaft in einer Schüssel verflüssigen. Früchte vorsichtig untermischen. Gehackte Minzblätter zufügen und unterheben.

Mindestens 2–3 Stunden ziehen lassen, gut gekühlt servieren.

## Großmutters Geheimnis

**1 oder 2 Esslöffel schwarzer
Johannisbeer-, Brombeer- oder
Himbeerlikör anstatt der Minze betonen
das Aroma der einzelnen Früchte.**

*Herbst*

 *Wenn Sie aus dem Ofen kommen, erscheinen diese goldbraunen Äpfel mit der roten Füllung aus Konfitüre wie ein Symbol des farbenfrohen Herbstes.*

# Bratäpfel

6 große Äpfel
6 TL brauner Zucker
6 Butterflöckchen
6 gehäufte TL rote Konfitüre
    (z. B. aus Himbeeren, roten
    Johannisbeeren oder
    Brombeeren)

Backofen auf 200 °C vorheizen.

Äpfel waschen, mithilfe eines Apfelausstechers vom Kerngehäuse befreien und die Haut rundum längs einschneiden, damit die Äpfel während des Backens nicht platzen.

Äpfel in eine Auflaufform stellen. Jeden Apfel mit 1 Teelöffel braunem Zucker, 1 Butterflöckchen und 1 Teelöffel Konfitüre füllen.

100 Milliliter Wasser in die Form geben. 45–50 Minuten im vorgeheizten Ofen backen.

Die noch warmen Äpfel in der Auflaufform servieren.

### Großmutters Geheimnis
**Wählen Sie für dieses Rezept feste, eher säuerliche Apfelsorten mit dickerer Haut (z. B. Boskop, Goldparmäne oder Granny Smith).**

 *Wenn einzelne Äpfel vor den restlichen reif wurden, holte meine Großmutter sie immer in die Küche und bereitete aus ihnen eines dieser schnellen Desserts zu, die wir als Kinder so liebten. Bauernäpfel gab es im Laufe des Herbstes öfter, aber niemand wurde sie leid!*

# Bauernäpfel

20 Stück Würfelzucker +
    150 g Zucker
etwas Zitronensaft
5 große Äpfel
1 großes Ei
etwas Salz
75 ml Öl
ein paar Tropfen Vanillearoma
100 g Mehl
Zimt nach Belieben

Würfelzucker in 3 Esslöffeln Wasser und Zitronensaft in einem Topf auflösen und karamellisieren lassen. Wenn der Zucker goldbraun ist, sofort in eine Auflaufform gießen. Dabei die Form in alle Richtungen neigen, damit der Karamell sich auf dem gesamten Boden verteilt.

Backofen auf 210 °C vorheizen.

Äpfel schälen, vom Kerngehäuse befreien und grob vierteln. In der Form auf dem Karamell verteilen.

In einer Schüssel das Ei mit 150 Gramm Zucker, 1 Prise Salz, Öl, Vanillearoma und Mehl mischen und gut verrühren. Nach Belieben 1 Prise Zimt zufügen.

Den dickflüssigen Teig über die Äpfel geben – sie sollten fast komplett davon bedeckt sein – und im vorgeheizten Ofen ca. 30 Minuten backen. Noch warm direkt in der Form servieren.

## Großmutters Geheimnis

**Wenn Sie den Karamell zubereiten, sollten Sie zum Umfüllen und Verteilen niemals einen Spatel verwenden, sondern die Form bzw. den Topf neigen. Falls die Form, die Sie benutzen, direkt auf den Herd gestellt werden kann, bereiten Sie den Karamell darin zu. Das erspart Ihnen einen Arbeitsschritt.**

 *„Reifen Äpfel im Gezweige, geht der Sommer schon zur Neige." Der Duft des Sommers ist in jedem Apfel präsent, in den wir mit Herzenslust beißen, selbst wenn der Winter schon an unsere Tür klopft. Frisch gekochtes Apfelmus erfüllt die Küche mit Wohlgeruch und wärmt, während Frost und Raureif wieder auf dem Vormarsch sind.*

# Apfelmus mit Baiserhaube

1 kg Äpfel
200 g Zucker
2 Eiweiß
etwas Salz
etwas Butter für die Form

Äpfel schälen, vom Kerngehäuse befreien und klein schneiden.

Mit 100 Milliliter Wasser in einen Topf geben, zudecken und 10–15 Minuten kochen.

Mit einer Gabel die Äpfel zu Mus zerdrücken.

## Großmutters Geheimnis

**Sie können Ihr Apfelmus auch mit Vanille oder Zimt verfeinern.**

100 Gramm Zucker nach und nach zugeben und dabei regelmäßig abschmecken, denn die Menge des benötigten Zuckers hängt vom Säuregehalt der Äpfel ab.

Eiweiß mit 1 Prise Salz steif schlagen und nach und nach den restlichen Zucker unterrühren.

Apfelmus in eine gefettete feuerfeste Form geben. Mit Eischnee bestreichen.

Im 240 °C heißen Ofen 10 Minuten garen.

*In früherer Zeit waren auf dem Land die Oktoberabende dem „Nüsseknacken" vorbehalten. Wenn die Ernte gut war, verwandelte sich diese Arbeit schnell in eine vergnügliche Runde, denn man lud Nachbarn und Freunde ein, um gemeinsam Federweißen zu trinken und Nüsse aus ihrer Schale zu befreien.*

# Gedeckter Apfelkuchen mit Walnüssen

300 g Mehl
100 g Zucker
150 g Butter
  + etwas Butter für die Form
½ TL Salz
600 g Äpfel
100 g Walnusskerne
100 g Rosinen
80 g Zucker
1 TL Zimt
1 Eigelb

## Großmutters Geheimnis

**Am Ende der Backzeit können Sie Schlagsahne gemischt mit ein wenig Calvados in das Loch geben.**

Mehl und Zucker in einer Schüssel mischen. Die in kleine Stücke geschnittene Butter zufügen und mit der Hand vermengen.

Salz in 100 Milliliter Wasser auflösen, in den Teig geben und verkneten. Zwei Kugeln formen: eine aus einem Drittel, die andere aus zwei Dritteln des Teigs. 30 Minuten kalt stellen.

Backofen auf 210 °C vorheizen.

Teigkugeln auf der leicht mit Mehl bestäubten Arbeitsplatte ausrollen. Den größeren Teigkreis in eine gefettete Springform legen. Äpfel schälen, vom Kerngehäuse befreien und vierteln.

Walnusskerne hacken, mit Äpfeln, Rosinen, Zucker und Zimt mischen. Um das Zimtaroma zu verstärken, kann dieser auch direkt in den Teig gegeben werden.

Früchtemasse auf dem Teigboden verteilen und mit dem restlichen Teig abdecken. Die Ränder leicht anfeuchten und mit den Fingern gut festdrücken.

In der Mitte des Kuchens ein Loch ausstechen. Teigdeckel mit Eigelb bepinseln und Kuchen im vorgeheizten Ofen 40 Minuten backen.

Warm oder kalt servieren.

*Egal ob Renette oder Golden Delicious, ob rot, grün, grau oder gelb — der Apfel ist eine Frucht, die man zu jeder Jahreszeit genießen kann. An einem kühlen Ort können Lageräpfel bis zum Frühjahr aufbewahrt werden. Je nach benutzter Apfelsorte verströmt diese Blätterteigtasche eine Vielzahl von köstlichen Aromen.*

# Blätterteigtasche mit Äpfeln

1 kg bzw. 7 mittelgroße Äpfel
50 g Zucker
500 g Blätterteig
1 Päckchen Vanillezucker
½ TL Zimt
20 g Butter
1 Eigelb

Äpfel schälen und vom Kerngehäuse befreien. Drei davon in feine Spalten schneiden.

Restliche Äpfel in Stücke schneiden und in 100 Milliliter Wasser mit Zucker aufkochen. Sobald sie gar sind, mit einer Gabel zu Mus zerdrücken oder in die Flotte Lotte geben.

Hälfte des Blätterteigs zu einem großen, 3 Zentimeter dicken Dreieck ausrollen und auf das zuvor befeuchtete Backblech legen.

Apfelmus auf das Teigdreieck geben und dabei 2 Zentimeter Rand frei lassen. Apfelspalten auf dem Mus verteilen. Mit Vanillezucker und Zimt bestreuen. Ein paar Flöckchen Butter darüber verteilen. Teigränder mit dem mit etwas Wasser verrührten Eigelb bestreichen.

Das zweite Teigdreieck ausrollen und darauflegen.

Ränder mit den Fingern gleichmäßig festdrücken.

Teig mit dem restlichen Eigelb bestreichen und die Oberfläche in regelmäßigen Abständen einschneiden.

Im 210 °C heißen Ofen 30–40 Minuten backen.

Blätterteigtasche lauwarm servieren.

## Großmutters Geheimnis

**Die benötigte Zuckermenge beim Apfelmus hängt von der Apfelsorte ab. Nehmen Sie zunächst weniger, kosten Sie und geben Sie bei Bedarf noch mehr hinzu. Dasselbe gilt für das Wasser: Manche Äpfel brauchen zum Kochen praktisch kein Wasser.**

 *Immer wenn das Blätterteiggebäck aus dem Ofen kam, begann das große Ratespiel: Welche Früchte waren darin versteckt, Äpfel oder Birnen? Manchmal trickste unsere Großmutter und füllte die einen mit Äpfeln, die anderen mit Birnen — und alle hatten gewonnen!*

# Birnen in Blätterteig

4 sehr schöne Birnen
250 g Würfelzucker
1 Vanilleschote
Saft von ½ Zitrone
300 g Blätterteig
60 g Butter
   + etwas Butter für die Form
2 Päckchen Vanillezucker
1 TL Zimt
1 Eigelb
4 EL rotes Johannisbeer- oder
   Himbeergelee

## Großmutters Geheimnis

**Servieren Sie diese warmen Birnen in Blätterteig mit Crème fraîche oder – mit mehr Raffinesse – zusammen mit Vanillesoße. Falls Blätterteiggebäck übrig bleibt – was selten vorkommt – servieren Sie es kalt, es schmeckt genauso gut!**

Birnen schälen und vom Kerngehäuse befreien.

1 Liter Wasser, Würfelzucker, aufgeschlitzte Vanilleschote und Zitronensaft in einen Topf geben und bei mittlerer Hitze erwärmen. Sobald sich der Zucker aufgelöst hat, Birnen vorsichtig 20 Minuten darin pochieren, im Sud abkühlen und über einem Sieb abtropfen lassen.

Backofen auf 210 °C vorheizen.

Blätterteig dünn ausrollen und in vier Quadrate von jeweils 15 Zentimeter Seitenlänge schneiden.

Auf jedes der Teigquadrate eine Birne setzen. Die in Stücke geschnittene Butter um jede Frucht herum verteilen, mit Vanillezucker und Zimt bestreuen.

Eigelb mit etwas Wasser verrühren und die Ränder jedes Quadrats damit bepinseln, den Rest beiseitestellen.

Birnen im Teig einschließen, indem die 4 Ecken oben zusammengenommen werden. Mit leicht angefeuchteten Fingern die Ränder zusammendrücken, damit sie gut verschlossen sind. In der Mitte ein kleines Loch frei lassen und rotes Johannisbeer- oder Himbeergelee einfüllen.

Jedes Birnenpäckchen mit dem restlichen Eigelb bepinseln und in eine gefettete Auflaufform stellen.

Im vorgeheizten Ofen 25–30 Minuten backen.

 *Diese Tarte wurde durch einen Konditor aus der Pariser Rue Bourdaloue berühmt und erfreute damals die Feinschmecker des späten 19. und frühen 20. Jahrhunderts. Sie ist wie ein Symbol der Belle Époque, das uns diese Zeit in angenehmer Erinnerung hält.*

# Tarte Bourdaloue

300 g Mürbeteig
150 g Würfelzucker
Saft von ½ Zitrone
½ Vanilleschote
4 Birnen
250 ml Milch
3 Eigelb
75 g Zucker
20 g Mehl
125 g Butter
125 g gemahlene Mandeln
125 g Puderzucker
1 Ei
10 g Maisstärke
1 EL Birnenbrand
ein paar Tropfen Bittermandelöl

## Großmutters Geheimnis

**Sie können diese Tarte zusammen mit Aprikosenkonfitüre servieren, der ein bisschen Birnenbrand untergemischt wurde, oder sie mit gehobelten Mandeln dekorieren, die Sie zuvor ein paar Minuten in der Pfanne geröstet haben.**

Backofen auf 210 °C vorheizen.

Mürbeteig ausrollen und damit eine lange rechteckige Tarteform (ca. 35 x 13 Zentimeter) auslegen, mit einer Gabel einstechen. Eventuell mit einer kleineren Tarteform oder Hülsenfrüchten beschweren, um den Teig am Aufgehen zu hindern. 10 Minuten im vorgeheizten Ofen vorbacken.

250 Milliliter Wasser in einen Topf geben, Würfelzucker, Zitronensaft und Vanilleschote zufügen. Bei mittlerer Hitze erwärmen und dabei umrühren, um die Hitze während der Zuckerschmelze zu verteilen. Sobald alle Zuckerstücke aufgelöst sind, von der Herdplatte nehmen. Der Sirup sollte noch gut durchsichtig, aber dickflüssig sein.

Birnen schälen, halbieren und vom Kerngehäuse befreien. Etwa 15 Minuten im Sirup pochieren.

Milch in einem Topf aufkochen. Eigelb mit Zucker und Mehl in einer Schüssel mischen. Kochende Milch darüber gießen und dabei mit einem Schneebesen stetig umrühren. Masse zurück in den Topf geben und erwärmen. Creme eindicken und dabei kontinuierlich umrühren. Von der Herdplatte nehmen.

Weiche Butter, gemahlene Mandeln, Puderzucker, Ei, Maisstärke, Birnenbrand und Bittermandelöl mischen und verrühren.

Beide Massen mischen und verrühren. Abgetropfte Birnenhälften auf den vorgebackenen Teigboden legen und mit der Creme übergießen. Im vorgeheizten Ofen 25 Minuten backen.

*Die Süße der Birne wird angenehm hervorgehoben durch den kräftigen säuerlichen Geschmack der roten Johannisbeere, der Königin unter den Geleefrüchten.*

# Birnen mit Baiser und roten Beeren

8 große Birnen
etwas Butter
1 EL Zucker
1 EL Vanillezucker
4 EL rotes Johannisbeergelee
4 Eiweiß
4 EL Puderzucker
2 EL gemahlene Mandeln

Birnen schälen, vom Kerngehäuse befreien und in Spalten schneiden. Bei schwacher Hitze mit Butter, Zucker und Vanillezucker anbraten.

Wenn die Birnen gar sind, grob mit der Gabel zerdrücken und mit rotem Johannisbeergelee verrühren.

Birnenpüree in eine Auflaufform geben.

In einer Schüssel Eiweiß mit Puderzucker steif schlagen und gemahlene Mandeln unterrühren.

Baiserhaube über den Früchten verteilen.

Im Backofen auf der obersten Schiene ca. 10 Minuten bei 140 °C garen.

Warm servieren.

## Großmutters Geheimnis

**Um selbst gemachten Vanillezucker zu erhalten, können Sie Kristallzucker in einem Einmachglas mit einer Vanilleschote aufbewahren.**

 *In früheren Zeiten verfeinerten die Köchinnen die Früchte aus dem Obstgarten gerne mit Gewürzen — Zimt, Vanille, Ingwer, Nelken … Deren Aromen sorgten für Abwechslung in der Küche, indem sie traditionellen Rezepten mit einem Hauch von Exotik neuen Schwung verliehen.*

# Winzerkompott

4 Pfirsiche
3 Birnen
4 Äpfel mit festem Fruchtfleisch
2 Weintraubenrispen mit großen
   Trauben
100 g Walnusskerne
1 Flasche guter Rotwein
125 ml Traubensaft
250 g brauner Zucker
1 Nelke
1 gestrichener TL Zimt
1 Prise gemahlener Ingwer
1 schwarzes Pfefferkorn

Pfirsiche, Birnen und Äpfel schälen, entsteinen bzw. vom Kerngehäuse befreien und vierteln.

Trauben häuten und die dünne Haut der Walnusskerne abziehen, wenn sie frisch sind.

Wein, Traubensaft, Zucker, Nelke, Zimt, Ingwer und Pfeffer in einen Topf geben. Zum Kochen bringen und um ca. ein Drittel der Menge reduzieren lassen.

Sud durch ein feines Sieb gießen. Pfirsich-, Birnen- und Apfelviertel 20–25 Minuten sanft im Sud köcheln lassen.

Trauben und Walnusskerne zufügen und noch ein paar Minuten weiterköcheln lassen. Zum Abkühlen in eine Kompottschüssel geben.

## Großmutters Geheimnis

**Um dieses Dessert etwas anzureichern, können Sie es mit Kuchen servieren, der von der Kaffeetafel übrig geblieben ist.**

 *Manche Birnen sind zart und süß, am besten roh zu verzehren, andere hingegen —
festere und herbere — sind weitaus besser gekocht, lehrte uns schon unsere Großmutter.
Bei der Zubereitung dieses Desserts durchströmen die Küche angenehme Düfte nach
Wein und Zimt …*

# Rotweinbirnen

4 Birnen
500 ml Rotwein
125 g Zucker
1 Zimtstange

Birnen schälen, halbieren und vom Kerngehäuse
befreien. Gegebenenfalls mit einem Kugelausstecher oder
Esslöffel aushöhlen.

Wein, Zucker und Zimtstange in einen Topf geben
und umrühren.

Zum Kochen bringen und Birnen hineinlegen.

Je nach Birnensorte 20–30 Minuten garen.

Im Sirup abkühlen lassen und in einer Kompottschüssel servieren.

## Großmutters Geheimnis

**Achten Sie für eine ansprechende
Präsentation dieses Desserts darauf,
beim Schälen der Birnen den Stiel an
der Frucht zu lassen.**

 *Unsere Großmutter bereitete dieses Dessert, das wahrscheinlich aus Zentralfrankreich stammt, häufig zu. Die Milch, die darin verarbeitet wird, machte es — in der Variante ohne Alkohol — zu einer idealen Nachspeise für Kinder. Außerdem konnte man bei diesem Auflauf nicht so lang haltbare Birnen verwerten.*

# Birnenauflauf

2 Birnen
1 Zitrone
2 Eier
60 g Zucker
   + 1 TL Zucker zum Bestreuen
50 g Mehl
etwas Salz
500 ml Milch
1 EL Orangenblütenwasser oder
   Birnenbrand
20 g Butter
   + etwas Butter für die Form

Backofen auf 210 °C vorheizen.

Birnen schälen, vom Kerngehäuse befreien und in feine Spalten schneiden. Zitrone auspressen und Birnen mit Zitronensaft beträufeln.

Eier mit 60 Gramm Zucker in einer Schüssel schaumig schlagen. Gesiebtes Mehl, 1 Prise Salz, kochende Milch und Orangenblütenwasser bzw. Birnenbrand zufügen.

Birnen in eine gefettete Auflaufform geben und mit der Masse übergießen. Mit Butterflöckchen bestreuen.

Im vorgeheizten Ofen 30 Minuten backen.

Aus dem Ofen nehmen, mit Zucker bestreuen und noch warm servieren.

## Großmutters Geheimnis

**Ihr Dessert wirkt rustikaler und ist knuspriger, wenn Sie es vor dem Servieren mit Kristallzucker bestreuen, aber feiner sieht es mit Puderzucker aus.**

 *„Wenn es am 1. Mai regnet, fallen die Birnen herunter — und wenn sie eiserne Stiele hätten",*
*lautet eine Bauernregel. Das war in jenem Jahr, als sich im Herbst die Körbe mit Birnen füllten,*
*nicht der Fall. Wir hatten daher Gelegenheit, sie mit Schokolade zu probieren!*

# Birnen im Schokoladenmantel

150 g Zucker
1 Vanilleschote
6 kleine Birnen
½ Zitrone
100 g Zartbitterschokolade
etwas Butter

## Großmutters Geheimnis

**Ihre Birnen sind noch appetitlicher,
wenn sie mit gehackten
Haselnüssen oder gehobelten
Mandeln bestreut werden.**

1 Liter Wasser, Zucker und die aufgeschlitzte Vanilleschote in einen Topf geben. Zum Kochen bringen. Herd herunterschalten.

Birnen schälen und dabei den Stiel an der Frucht lassen. Zitronenhälfte auspressen und Birnen mit Zitronensaft beträufeln. Im Zuckerwasser pochieren und je nach Birnensorte 30–45 Minuten kochen lassen. Die Birnen müssen ganz bleiben, aber innen weich sein.

Birnen mit einem Schaumlöffel aus dem Sirup nehmen und auf Dessertschälchen verteilen.

Sofort ein halbes Glas Sirup entnehmen und die in Stücke gebrochene Schokolade darin schmelzen. Umrühren, Butter zufügen und über die Birnen gießen.

Kalt stellen und kalt servieren.

 *Das Dessert war bereits fertig gebacken, als wir uns zum Essen an den Tisch setzten. Der Duft nach karamellisierten Äpfeln kitzelte uns während der gesamten Mahlzeit in der Nase ... Dann endlich brachte unsere Großmutter die berühmte Tarte, die von den Schwestern Tatin de Lamotte-Beuvron aus der französischen Region Sologne unsterblich gemacht wurde.*

# Tarte Tatin

200 g Blätterteig
6–8 schöne Äpfel
200 g Zucker
100 g Butter

### Großmutters Geheimnis

**Das Originalrezept fordert, dass man die ersten Äpfel des Herbstes, die Goldparmänen mit ihrem köstlichen Duft, verwendet, aber je weiter der Herbst voranschreitet, können Sie sie auch durch andere Apfelsorten und sogar durch Birnen ersetzen.**

Teig so ausrollen, dass ein Kreis entsteht, der etwas größer ist als die Tarteform. Mit einer Gabel einstechen, beiseitestellen.

Äpfel schälen, halbieren und vom Kerngehäuse befreien.

Backofen auf 210 °C vorheizen.

Zucker und Butter bei schwacher Hitze in einer Tarteform schmelzen.

Wenn beides geschmolzen ist, Äpfel so eng aneinander in die Form legen, dass sie zum Teil übereinanderliegen. Bei sehr schwacher Hitze 25–30 Minuten karamellisieren lassen.

Äpfel 5 Minuten in den vorgeheizten Ofen stellen.

Mit dem Teig bedecken, dabei die überstehenden Ränder mit einem Messer in die Form schieben.

Weitere 20 Minuten im Ofen backen.

Aus dem Ofen nehmen, stürzen und innerhalb der darauffolgenden Stunde servieren.

 *Dieser köstliche Alpengipfel lässt uns einige Augenblicke von schroffen, verschneiten Felsen träumen, aber die Naschlust gewinnt schnell wieder die Oberhand, und der Mont Blanc wird in so viele Löffel geteilt, wie Personen am Tisch sitzen.*

# Mont Blanc mit Maronen

500 g schöne Maronen
  (Esskastanien)
150 g Zucker
1 Vanilleschote
50 g Butter
125 g Sahne
50 g Vanillezucker

## Großmutters Geheimnis

**Wenn die Sahne nicht flüssig oder kalt genug ist, fügen Sie vor dem Schlagen 1 Eiswürfel oder 2 Esslöffel sehr kalte Milch hinzu. Außerdem sollten Sie keine kalorienarme Sahne verwenden, da diese nicht gut steif wird.**

Maronen mit einem Messer zerteilen und 40 Minuten in einem Topf mit Wasser kochen.

Sobald sie gar sind, schälen, die Zwischenhaut entfernen und zum Pürieren in die Flotte Lotte geben.

100 Milliliter Wasser, Zucker und Vanilleschote zu einem recht dickflüssigen Sirup einkochen.

Sirup mit Maronenpüree mischen und Butter zufügen.

Das abgekühlte Püree in die Flotte Lotte mit einem Einsatz geben, der so grob ist, dass das Püree in dicken Fäden in einen runden Teller fällt.

Sahne und Vanillezucker in einer hohen Schüssel steif schlagen.

Eine Vertiefung in das Maronenpüree drücken und die Schlagsahne als Bergspitze hineingeben.

*Die Kombination von Quark mit Rosinen ermöglichte in fruchtarmen Monaten mehr Abwechslung in die Desserts zu bringen. Dank der Frische und Leichtigkeit dieses Kuchens warten wir ohne Eile auf die Rückkehr der wärmeren Tage.*

# Käsekuchen mit Rosinen

250 g + 2 EL Mehl
125 g Butter
   + etwas Butter für die Form
etwas Salz
180 g Zucker
1 Handvoll Rosinen
50 ml Rum
3 Eier
1 Päckchen Vanillezucker
500 g Speisequark (abgetropft)
1 gehäufter EL Crème fraîche

250 Gramm Mehl in eine Schüssel geben, Butter in sehr kleinen Stücken zufügen. Nach und nach eine Prise Salz, 30 Gramm Zucker und 100 Milliliter Wasser zufügen und verrühren. Teig zu einer Kugel formen. Ca. 30 Minuten kalt stellen.

Rosinen in Rum tränken und quellen lassen.

Eier, 150 Gramm Zucker, 2 Esslöffel Mehl und Vanillezucker in einer Schüssel schaumig schlagen. Quark, Crème fraîche und Rumrosinen zugeben.

Teig auf einer mit Mehl bestäubten Arbeitsplatte ausrollen und in eine gefettete Form legen.

Teigboden mit der Gabel einstechen und 10 Minuten bei 210 °C vorbacken.

Quarkmasse auf den Teigboden geben und 50 Minuten bei 190 °C backen.

Auskühlen lassen und kalt servieren.

## Großmutters Geheimnis

**Der Erfolg dieses Teigs liegt in seiner schnellen Zubereitung. Er darf nicht zu lange geknetet werden, wie sonst bei Mürbeteig üblich.**

Winter

 *Um die Zeit der Wintersonnenwende, wenn die Energie schwindet und die Gesichter unserer Liebsten blasser werden, kann nichts einen frischen, belebenden Obstsalat ersetzen, der dazu auch noch leicht zuzubereiten und reich an Vitaminen ist.*

# Winterobstsalat

3 Orangen
2 Äpfel
1 TL Zimt
2 EL Zucker
1 EL Orangenblütenwasser
Saft von ½ Zitrone

Orangen schälen, häuten und in dünne Spalten schneiden.

Äpfel schälen, vom Kerngehäuse befreien und in sehr feine Spalten schneiden.

Obstspalten abwechselnd fächerartig auf einen Servierteller legen.

Zimt und Zucker mischen und die Früchte damit bestreuen.

Orangenblütenwasser und Zitronensaft miteinander verrühren und über die Früchte gießen. Vor dem Servieren 1 Stunde kalt stellen.

## Großmutters Geheimnis

**Wir wissen alle, dass Früchte schnell braun werden und ihre Vitamine verlieren. Daher ist es am einfachsten, diesen Salat kurz bevor man sich zu Tisch setzt zuzubereiten. Die Früchte behalten so einen Großteil ihrer Vitamine und können während der Mahlzeit ausreichend durchziehen und das Aroma von Gewürzen und Zucker aufnehmen.**

*Dieses Omelett wird ganz frisch vor dem Verzehr zubereitet. Als nahrhaftes Dessert kann es beispielsweise der angenehme Abschluss einer leichten Mahlzeit sein, etwa einer Suppe oder eines Salats. Ihre Liebsten werden von dieser originellen Weise, Eier — und damit wichtige Proteine — zu sich zu nehmen, begeistert sein.*

# Süßes Omelett

6 Eier
etwas Salz
80 g Zucker
etwas Butter
30 ml Branntwein oder Likör nach
   Wahl

### Großmutters Geheimnis

**Für ein luftigeres Omelett können Sie die Eier trennen und die Hälfte des Eiweißes steif schlagen und vor dem Garen unter die restlichen Eier heben.**

Eier in einer Schüssel aufschlagen. Mit 1 Prise Salz und Zucker schaumig schlagen.

Butter in einer Pfanne mit dickem Boden schmelzen, Eiermasse zugeben.

Wie bei einem herzhaften Omelett vorgehen und die Ränder zur Mitte hin vom Pfannenboden lösen.

Alkohol (Grand Marnier, Curaçao, Kirschwasser, Rum etc.) in einem Topf leicht erwärmen, ohne ihn zum Kochen zu bringen.

Sobald das Omelett goldbraun ist, auf einen Servierteller geben. Mit flambiertem Alkohol beträufeln.

Omelett sofort servieren, entweder pur oder gefüllt mit Konfitüre oder Kompott.

*Dieses Dessert war eines der ersten, die unsere Großmutter uns als Kinder beibrachte. Stolz auf unsere Mithilfe, freuten wir uns riesig, die Hände weiß voller Mehl zu haben. Sobald wir es in den Ofen stellten, begann der leckerste Teil: das Garen!*

# Puddingkuchen mit Backpflaumen

650 ml Milch
4 Eier
150 g Zucker
130 g Mehl
1 EL Rum
80 g leicht gesalzene Butter
250 g entsteinte Backpflaumen
etwas Butter für die Form

Backofen auf 180 °C vorheizen.

Milch in einem Topf erhitzen.

Eier und Zucker in einer Schüssel schaumig schlagen. Nach und nach Mehl und Rum unterrühren.

Milch darüber gießen und einrühren. Geschmolzene Butter zufügen.

Backpflaumen in einer großzügig eingefetteten Tonform verteilen und mit der Masse bedecken.

Sofort in den Ofen stellen. 40 Minuten bei 180 °C backen.

Form aus dem Ofen nehmen und abkühlen lassen.

## Großmutters Geheimnis

**Sie können die Backpflaumen auch durch 200 Gramm Rosinen ersetzen, die Sie zuvor in Rum quellen lassen. Falls Sie keinen Rum mögen oder Kinder mitessen, ersetzen Sie ihn durch 1 Esslöffel Orangenblütenwasser.**

 *Reich an Energie, Vitaminen, Mineralien und Ballaststoffen, war Trockenobst früher häufig Bestandteil der Desserts, die die Mahlzeiten zur Winterzeit abrundeten. Wir machten uns stets einen Spaß daraus, die verschiedenen Fruchtaromen zu erraten.*

# Trockenfrüchtekompott

1 Teebeutel (Sorte nach Belieben)
250 g Backpflaumen
250 g gemischte Trockenfrüchte
   (Aprikosen, Birnen, Äpfel, Feigen,
   Rosinen etc.)
abgeriebene Schale von
   1 unbehandelten Orange
½ Vanilleschote

500 Milliliter Wasser in einem Topf zum Kochen bringen, Teebeutel hineinlegen und ziehen lassen.

Backpflaumen, Trockenfrüchte sowie Orangenschale und Vanilleschote in den Tee geben.

15 Minuten abgedeckt kochen lassen.

Im Topf abkühlen lassen und kalt in einer Kompottschüssel servieren.

## Großmutters Geheimnis

**Zum Selbertrocknen von Äpfeln und Birnen schneiden Sie die Früchte in Spalten und lassen sie langsam im lauwarmen Ofen trocknen. Bewahren Sie sie anschließend in einer luftdicht verschlossenen Dose auf.**

 *In den Zuckerrübenregionen Nordfrankreichs und Belgiens benutzte man für Backwaren meist braunen Zucker. Er verlieh Desserts, besonders diesem Hefekuchen, einen einzigartigen Duft, der ihn von dem des weißen Zuckers deutlich unterscheidet. Zum Abschluss der Mahlzeit werden Ihre Gäste bestimmt gerne ein Stück davon probieren.*

# Hefekuchen mit braunem Zucker

2 Stück Würfelzucker
200 ml Milch
14 g Trockenhefe
2 Eier
250 g Mehl
125 g Butter
150 g brauner Zucker
½ TL Maisstärke

## Großmutters Geheimnis

**Sie können bei der Füllung Milch und Butter durch 4 Esslöffel zuvor mit der Gabel geschlagene Crème fraîche ersetzen.**

Würfelzucker in 3 Esslöffel lauwarme Milch geben und Hefe darin auflösen. An einem warmen Ort ruhen lassen.

1 Ei trennen. Mehl in eine Schüssel geben. In der Mitte eine Vertiefung eindrücken und Eigelb sowie 100 Gramm geschmolzene Butter und 50 Milliliter Milch zufügen.

Steif geschlagenes Eiweiß sowie den Vorteig zufügen und vorsichtig mischen. Teig so lange kneten, bis er nicht mehr klebt (ansonsten ein wenig Mehl zufügen).

Teig ausrollen und in eine Tarteform legen. Etwa 2 Stunden an einem warmen Ort gehen lassen, bis sich sein Volumen verdoppelt hat.

Backofen auf 210 °C vorheizen.

Teig mit einer Gabel einstechen. Mit braunem Zucker bestreuen.

Maisstärke in 4 Esslöffeln Milch auflösen und restliches geschlagenes Ei unterrühren. Mischung über den braunen Zucker geben, um ihn zu befeuchten. Mit 25 Gramm Butter in Flöckchen bestreuen.

Im vorgeheizten Ofen 20–30 Minuten backen. Lauwarm servieren.

*Mit ganz einfachen Zutaten zubereitet, wurde diese Charlotte von Hausfrauen erfunden, die ihre überreifen Äpfel oder ihr Brot vom Vortag nicht wegwerfen wollten. Bei dem so entstandenen Dessert lässt sich davon jedoch nichts mehr bemerken, es wird selbst Feinschmecker begeistern!*

# Charlotte mit Äpfeln

8 säuerliche Äpfel
75 g Butter
80 g Zucker
etwas Zimt
15 Scheiben Toastbrot

## Großmutters Geheimnis

**Sie können dieses Dessert mit in
1 Esslöffel Kirschwasser (bzw. für
Kinder in Wasser) aufgelöster
Aprikosenmarmelade oder aber mit
Vanillesoße servieren.**

Backofen auf 200 °C vorheizen.

Äpfel schälen, vom Kerngehäuse befreien, in feine Spalten schneiden und 15 Minuten in 50 Gramm Butter bei starker Hitze in einer Pfanne anbraten. Zucker, 2 Prisen Zimt und Brösel von 3 Scheiben Toastbrot zufügen.

Kruste von den 12 restlichen Brotscheiben entfernen. 8 Scheiben in der Mitte halbieren, sodass 16 Rechtecke entstehen, 4 diagonal durchschneiden, um 8 Dreiecke zu erhalten.

Brotstücke auf einer Seite toasten, z. B. unter dem Backofengrill, und die getoastete Seite mit der restlichen Butter bestreichen.

Brotdreiecke auf den Boden einer Charlottenform legen und die Rechtecke am Rand stehend verteilen. Dabei darauf achten, dass sie leicht übereinanderliegen, da sich das Brot beim Backen zusammenziehen kann und Äpfel herausfallen könnten, wenn der Kuchen aus der Form genommen wird.

Mit Äpfeln auffüllen und im vorgeheizten Backofen 45 Minuten backen. Charlotte ruhen lassen, bevor sie aus der Form genommen wird.

 *In einigen Regionen Frankreichs erhielt die junge Braut in früheren Zeiten eine Walnuss geschenkt, die sie in der Hochzeitsnacht essen musste. Ihre Ehe sollte daraufhin fruchtbar sein.*

# Walnusskuchen

125 g frische Walnusskerne
  + 6 Walnusskerne für die
  Dekoration
125 g Zucker
75 g Mehl
etwas Salz
60 g Butter
  + etwas Butter für die Form
2 Eier
2 EL Weinbrand (Armagnac)
3 gehäufte EL Aprikosenkonfitüre

## Großmutters Geheimnis

**Für einen Kuchen mit mehr Volumen können Sie das Rechteck waagerecht in zwei Teile schneiden. Bestreichen Sie die erste Teigplatte mit Konfitüre und legen Sie sie auf die zweite, damit wieder ein Rechteck entsteht. Schneiden Sie es dann in sechs gleiche Stücke, die Sie mit Konfitüre überziehen und mit Walnusskernen dekorieren.**

Backofen auf 180 °C vorheizen.

Die dünne Haut der frischen Walnüsse entfernen, die sie überzieht und die ihnen einen bitteren Geschmack verleiht.

Nüsse hacken, bis die Stückchen etwas kleiner sind als Reiskörner.

Zucker, Mehl, eine Prise Salz und geschmolzene Butter in einer Schüssel mischen.

Schaumig geschlagene Eier und Weinbrand zufügen. Gut mischen und gehackte Nüsse unterrühren.

Boden einer rechteckigen Kuchenform einfetteten oder mit Backpapier auslegen und Teig einfüllen.

Im vorgeheizten Ofen 40 Minuten backen. Der Kuchen muss während des Backens leicht aufgehen.

Abkühlen lassen, aus der Form nehmen und das Rechteck in 6 gleich große Stücke schneiden.

Mit Aprikosenkonfitüre bestreichen und mit jeweils einem Walnusskern dekorieren. Auf kleinen Desserttellern servieren.

 *Nur 10 Minuten braucht man für dieses spektakuläre Dessert, das bei seiner Zubereitung so verführerisch nach Zucker und Butter duftet! Wie durch Magie entzünden sich die Flammen, die alle Augen auf sich ziehen, um kurz danach wieder zu erlöschen und eine köstliche Nachspeise zu hinterlassen.*

# Flambierte Bananen

6 Bananen
50 g Butter
1 Orange
60 g brauner Zucker
1 Päckchen Vanillezucker
100 ml Rum

Bananen schälen, dabei ganz lassen.

Butter in einer Pfanne zerlassen und Bananen darin 5 Minuten von allen Seiten goldbraun anbraten.

Orange auspressen und den Saft mit braunem Zucker und Vanillezucker verrühren.

Flüssigkeit in die Pfanne geben und weitere 5 Minuten köcheln lassen.

Bananen auf einem Servierteller anrichten.

Rum in der zuvor benutzten Pfanne erwärmen und flambieren. Brennende Flüssigkeit am Tisch vorsichtig über die Bananen gießen.

## Großmutters Geheimnis

**Wählen Sie für das Dessert aromatische reife Bananen, die aber trotzdem noch ein wenig fest sind, damit sie während des Garens nicht auseinanderfallen.**

 *Wenn diese Tarte an einem kalten Wintertag auf den Tisch kommt, dann geht vor unseren Augen förmlich die Sonne auf, die wir in dieser Jahreszeit so vermissen! Die Orange, dieser goldgelbe „Apfel", ist wirklich die Königin der Winterdesserts.*

# Orangentarte

150 g Zucker
5 unbehandelte Orangen
250 g Mürbeteig
Hülsenfrüchte fürs Vorbacken
3 Eier
80 g Zucker
50 g Butter

Mit 250 Milliliter Wasser und Zucker einen Sirup zubereiten. 2 Orangen waschen und in Scheiben schneiden. In den kochenden Sirup geben und 1–1 ½ Stunden kochen. 12 Stunden im Sirup auskühlen lassen.

Backofen auf 180 °C vorheizen.

Teig auf der Arbeitsplatte ausrollen und die Tarteform damit auslegen. Teig mit der Gabel einstechen, mit einem Kreis aus Backpaier und trockenen Bohnen beschweren und 10 Minuten vorbacken.

Eier mit Zucker, der abgeriebenen Schale einer Orange, dem Saft von 3 Orangen sowie der geschmolzenen Butter in einer Schüssel schaumig schlagen.

Masse auf dem vorgebackenen Teigboden verteilen und weitere 20 Minuten backen. Aus dem Ofen nehmen und abkühlen lassen.

Kandierte Orangenscheiben abtropfen lassen und die Oberseite der Tarte damit dekorieren.

## Großmutters Geheimnis

**Einige Leckermäuler werden ihr Stück Tarte gerne mit geschlagener Crème fraîche, andere pur mit den köstlichen kandierten Orangenscheiben genießen.**

 *Als Abschluss einer üppigen Wintermahlzeit kommt die Frische einer Zitronentarte immer gelegen. Sie verlieh schon früher dieser früchtearmen Zeit ein wenig Abwechslung. Diese Scheibe wie aus Gold und Licht brachte die Sonne auf den Tisch und erwärmte uns das Herz.*

# Zitronentarte

125 g weiche Butter
  + etwas Butter für die Form
250 g Mehl
230 g Zucker
3 Eigelb
1 TL Trockenhefe
4 Eier
125 ml Saft und abgeriebene
  Schale von 1 unbehandelten
  Zitrone
150 g Sahne

Weiche Butter und Mehl, 80 Gramm Zucker, Eigelb und Hefe in einer Schüssel verrühren und eine Kugel formen. 30 Minuten kalt stellen.

Backofen auf 200 °C vorheizen.

Teig ausrollen und eine leicht gefettete Tarteform damit auslegen. Vorsicht! Da dieser Teig kein richtiger Tarteteig ist, ist er schwieriger auszurollen. Am besten einen dicken Kreis ausrollen und in die Mitte der Form legen. So lange mit Handfläche und Fingern drücken, bis er am Rand hochgeht.

Teigboden 15 Minuten im Ofen vorbacken.

Eier mit 150 Gramm Zucker, Zitronensaft und -schale sowie Sahne schaumig schlagen. Auf dem Teigboden verteilen.

Weitere 40 Minuten im Ofen backen.

Tarte gut gekühlt servieren.

## Großmutters Geheimnis

**Sie können Ihre Tarte mit einem Baiserüberzug noch verfeinern:
Die restlichen 3 Eiweiß mit 3 Esslöffeln Zucker steif schlagen.
10 Minuten vor Ende der Backzeit die Tarte damit überziehen und
erneut in den Ofen stellen, bis das Baiser goldbraun ist.**

# Desserts für jeden Tag

„Lasst die Kinder in Ruhe ihre Nachspeise essen!", war bei uns zu Hause ein fester Grundsatz. „Wenn das Kind Reispudding isst, hat es eine volle Mahlzeit zu sich genommen."

In der Tat sind Süßspeisen, die vor allem wegen ihrer zuckrigen Zutaten oft einen schlechten Ruf genießen und doch gerade deswegen so geschätzt werden, ein geradezu unentbehrliches Vergnügen. Zucker, Mehl, Grieß, Tapioka, Reis, Eier und Milch sind wichtiger Bestandteil jeder Mahlzeit und tragen entscheidend zu einer ausgewogenen Ernährung bei. Im Übrigen haben diese schnell und günstig zuzubereitenden Desserts den Reiz, unsere Mahlzeiten an lern- und arbeitsreichen Tagen geradezu zu verzaubern.

 *Unsere Großmutter ging immer sehr sorgsam mit der von so weit entfernt herkommenden Vanilleschote um: Sie spaltete sie in zwei Teile, damit die Milch so gut wie nur irgend möglich ihr feines Aroma aufnehmen konnte, danach legte sie sie noch in ein Zuckerglas und machte ihren eigenen Vanillezucker.*

# Vanillecreme

250 ml Milch
1 Vanilleschote
40 g Maisstärke
80 g Zucker
1 Ei
1 Päckchen Vanillezucker

1 EL Milch zurückbehalten und den Rest Milch mit der aufgeschlitzten Vanilleschote zum Kochen bringen.

Maisstärke in einer Schale mit der zurückbehaltenen Milch auflösen (zur Vermeidung von Klümpchen), Zucker und Ei unterrühren.

Vanilleschote aus der Milch nehmen und die warme Milch über die Zuckermasse gießen, dabei gut umrühren. Alles in einen Topf geben. Bei schwacher Hitze und unter stetigem Rühren erhitzen, bis die Mischung dickflüssiger wird.

Vom Herd nehmen, Vanillezucker einrühren und in eine Puddingform gießen (am besten aus feuerfestem Glas oder Plastik). Abkühlen lassen.

Kurz vor dem Servieren vorsichtig stürzen, dabei die Creme mit einer feuchten Messerklinge von den Seitenrändern der Form lösen.

## Großmutters Geheimnis

**Sie können die Maisstärke durch 2 gestrichene Esslöffel Mehl ersetzen, Ihre Creme ist dann etwas gehaltvoller. Dabei sollten Sie im Hinterkopf behalten, dass eine Creme mit Maisstärke schneller dickflüssig wird als mit Mehl.**

*Beim Probieren dieser Creme kamen wir Kinder immer ins Träumen und fühlten uns wie schon erwachsen! Wie jeder Alkohol war Grand Marnier normalerweise für uns nicht erlaubt, außer bei dieser berühmten Creme!*

# Orangencreme

**FÜR 6 DESSERTSCHÄLCHEN**

1 unbehandelte Orange
500 ml Milch
1 Ei
60 g Zucker
30 g Maisstärke
2 TL Orangenlikör (Grand Marnier)

Orange waschen und Schale abreiben. Milch mit der Orangenschale in einem Topf zum Kochen bringen.

Ei, Zucker und Maisstärke in einer Schüssel schaumig schlagen.

Kochende Milch zugeben, umrühren und alles zurück in den Topf gießen. Auf dem Herd dickflüssig werden lassen, dabei stetig umrühren.

Sobald die Creme glatt ist, vom Herd nehmen, Grand Marnier zufügen und Creme auf die einzelnen Schälchen verteilen.

Kalt servieren.

## Großmutters Geheimnis

**Zur Vermeidung von Klümpchen die
Maisstärke vor der Verarbeitung immer in
1 Esslöffel kalter Milch auflösen.**

 *Ein Traum von einer Schokoladencreme! Sie ist eine gute Möglichkeit zur Kalziumversorgung für all jene, die keine Milch mögen: Das Wort Schokoladencreme genügte schon, und allen am Tisch Versammelten lief das Wasser im Munde zusammen!*

# Schokoladencreme

**FÜR 6 DESSERTSCHÄLCHEN**

500 ml Milch
30 g Kakaopulver
30 g Maisstärke
50 g Zucker
1 EL Crème fraîche (30 % Fett)

1 Esslöffel kalte Milch beiseitestellen. Kakao in ein wenig Milch auflösen und in die restliche Milch rühren. Zum Kochen bringen.

Maisstärke in der beiseitegestellten Milch auflösen und mit Zucker verrühren.

Zuckermasse unter die kochende Schokoladenmilch rühren, bei schwacher Hitze und unter ständigem Rühren weiterkochen, bis die Creme dickflüssiger wird.

Vom Herd nehmen, Crème fraîche einrühren. Auf 6 Dessertschälchen verteilen und abkühlen lassen.

## Großmutters Geheimnis

**Falls Ihre Gäste Desserts mit Kaffee mögen, können Sie den Kakao auch durch Kaffeepulver ersetzen: Bringen Sie die Milch mit 1 Esslöffel Instantkaffee zum Kochen.**

 *Als Kinder mochten wir diese Creme ganz besonders, weil ihr Name uns immer an so manche nicht gebeichtete Dummheit erinnerte — wenn wir einen Blumentopf unserer Mutter „umgestürzt" hatten, war das ein regelrechtes Drama! Aber was für ein Vergnügen, wenn wir mit dem Finger diskret von dieser gestürzten Creme naschen konnten!*

# Gestürzte Creme Karamell

etwas Zitronensaft
20 Stück Würfelzucker
500 ml Milch
1 Vanilleschote
3 Eier
80 g Zucker

## Großmutters Geheimnis

**Die moderne Technik erleichtert uns die Aufgabe: Die gestürzte Creme gart wunderbar im Schnellkochtopf! Den Topf bis ca. 2 Zentimeter Höhe mit Wasser füllen. Die mit Creme gefüllte Form bzw. die Schälchen in den Korb des Schnellkochtopfs setzen, die Creme mit dem Deckel der Form bzw. Alufolie bedecken. Schnellkochtopf verschließen und erhitzen. Wenn das Ventil zu zischen beginnt, Herd herunterschalten und genau 8 Minuten warten. Vom Herd nehmen und den Schnellkochtopf öffnen. Creme herausnehmen und stürzen, sobald sie gut abgekühlt ist.**

Backofen auf 180 °C vorheizen.

Zitronensaft mit 1 Esslöffel Wasser und Würfelzucker in einem kleinen Topf erwärmen. Vom Herd nehmen, sobald der Karamell eine goldene Farbe annimmt – er darf nicht braun werden.

Gleichzeitig eine feuerfeste Puddingform oder 5 feuerfeste Dessertschälchen im Backofen vorwärmen, damit der Karamell nicht beim Kontakt mit der Keramik fest wird.

Karamell in die Form bzw. Schälchen füllen und abkühlen lassen.

Milch mit der aufgeschlitzten Vanilleschote zum Kochen bringen.

Eier in einer Schüssel aufschlagen und mit Zucker schaumig schlagen, bis eine weißliche Creme entstanden ist. Kochende Milch vorsichtig in die Schüssel geben, dabei stetig umrühren.

Masse auf die Form bzw. Schälchen verteilen und in eine feuerfeste, bis auf halbe Höhe mit Wasser gefüllte Form stellen. Form für 25–30 Minuten (je nachdem, ob eine Form oder mehrere Schälchen verwendet wurden) in den vorgeheizten Ofen stellen. Darauf achten, dass die Creme nicht anfängt zu kochen.

Die Creme ist gar, sobald die Mitte unter leichten Fingerdruck nachgibt. Vor dem Stürzen abkühlen lassen.

## VARIANTE

*Bereiten Sie den Karamell mit Honig statt mit Zucker zu.*

 *Ein leichtes und duftiges Dessert für alle Jahreszeiten: Durch Abwechslung bei der Obstsorte wird ein und dasselbe Rezept einmal mehr, einmal weniger farbig bzw. mehr oder weniger säuerlich sein …*

# Mousse mit Früchten

400 g Früchte der Saison
etwas Kirschwasser
500 ml Milch
ein paar Tropfen Vanillearoma
90 g Zucker
25 g Maisstärke
2 Eier

Gewaschene, gegebenenfalls geschälte, geputzte und vom Kerngehäuse befreite Früchte in feine Spalten oder Würfel schneiden und im Kirschwasser ziehen lassen.

Milch, Vanillearoma und Zucker in einem Topf erhitzen.

Maisstärke in etwas kalter Milch auflösen und in die kochende Milch geben.

Ein paar Minuten kochen lassen, dabei stetig umrühren.

Vom Herd nehmen. Eier trennen, geschlagenes Eigelb unterrühren und zurück auf den Herd stellen, dabei stetig umrühren. Zum Kochen bringen.

Creme abkühlen lassen. Eiweiß steif schlagen und mit den durchgezogenen Früchten unter die Creme heben.

### Großmutters Geheimnis
**Mit Eischnee zubereitet, sollte dieses Dessert auch immer am gleichen Tag gegessen werden – bewahren Sie es nicht länger auf.**

 *Lust auf ein Dessert, aber es fehlt Ihnen an Zeit? Nichts geht einfacher und schneller als dieses Grießbreirezept! Sie können es je nach Geschmack zubereiten: mit Kaffee, Schokolade, Vanille, Karamell …*

# Grießbrei

500 ml Milch
1 Vanilleschote
80 g Grieß
80 g Zucker
1 Ei nach Belieben

## Großmutters Geheimnis

**Mit den angegebenen Mengen erhalten Sie ein recht gehaltvolles Dessert. Falls Sie lieber flüssigere Süßspeisen mögen, verringern Sie die Grießmenge um 15 bis 20 Gramm.**

Milch mit der aufgeschlitzten Vanilleschote in einem Topf zum Kochen bringen.

Sobald die Milch kocht, Vanilleschote entfernen, Grieß einrieseln lassen und bei schwacher Hitze umrühren, bis die Masse dickflüssiger wird.

Zucker einrühren, Topf vom Herd nehmen und für einen sämigeren Grießbrei das geschlagene Ei unterrühren.

In eine Form oder 6 Dessertschälchen füllen und lauwarm servieren. Um zu vermeiden, dass sich an der Oberfläche eine Haut bildet, während der ersten halben Stunde des Abkühlens regelmäßig mit der Gabel umrühren.

## VARIANTE

*Gegen Ende der Garzeit können Sie Rosinen zufügen. Oder lassen Sie die Vanille weg und aromatisieren Sie die Milch mit einem Schokoriegel, ein paar Tropfen Kaffeeextrakt oder abgeriebener Zitronen- bzw. Orangenschale.*

 *Als hilfreiche Ergänzung für eine Mahlzeit, die ein wenig zu leicht ausfällt, oder wenn die Zeit fehlt, um sich lange an den Herd zu stellen, wird Grieß von Köchinnen damals wie heute stets sehr geschätzt.*

# Grießpudding

500 ml Milch
1 Vanilleschote
80 g Grieß
80 g Zucker
80 g Butter
4 Eier
etwas Salz
20 Stück Würfelzucker

## Großmutters Geheimnis

**Schlagen Sie den gekochten Grieß ein paar Minuten lang mit dem Schneebesen, bevor Sie die Eier zufügen und ihn in die Form gießen. Sie werden erstaunt sein über die Leichtigkeit des Puddings!**

Grießbrei zubereiten (wie auf S. 68 angegeben), ohne am Ende der Garzeit ein geschlagenes Ei zuzufügen.

Sobald der Grieß gar ist, sofort weiche Butter einrühren, die beim Kontakt mit dem heißen Grieß schmelzen sollte.

Eier trennen. Eigelb verquirlen und unter den Grieß rühren.

Eiweiß mit einer Prise Salz steif schlagen und unter die Masse heben.

Backofen auf 200 °C vorheizen.

Würfelzucker in 3 Esslöffeln Wasser in einer Pudding-form bei schwacher Hitze auf dem Herd erwärmen und auflösen. Sobald der flüssige Zucker eindickt und eine goldbraune Farbe annimmt, vom Herd nehmen und die Form neigen, damit sie vollständig vom Karamell überzogen wird.

Grießmasse in die Form geben und im vorgeheizten Backofen ca. 20 Minuten garen.

Der Pudding ist fertig, wenn beim Einstechen mit einem Messer keine Rückstände an der Klinge haften bleiben. Auf einen Teller stürzen und pur oder mit Vanillesoße servieren.

 *Grieß ist auch eine ideale Grundlage für etwas raffiniertere Puddings. Trotzdem ist er immer noch genauso einfach zuzubereiten!*

# Grießpudding mit Aprikosen

40 g Butter
  + etwas Butter für die Form
750 ml Milch
1 Vanilleschote
120 g Hartweizengrieß
120 g Zucker
4 Eier
1 Dose eingelegte Aprikosen
etwas Aprikosenkonfitüre

Backofen auf 210 °C vorheizen.

Feuerfeste Puddingform einfetten.

Milch mit der aufgeschlitzten Vanilleschote zum Kochen bringen und Grieß einrieseln lassen. Ein paar Minuten kochen lassen, dabei ständig umrühren. 40 Gramm Butter und Zucker zufügen, vom Herd nehmen und die verquirlten Eier unterrühren.

Form mit Aprikosenhälften auslegen. Die restlichen Aprikosen klein geschnitten unter den Grieß mischen.

Masse in die Form gießen. Im vorgeheizten Backofen 40 Minuten im Wasserbad backen.

Vor dem Stürzen vollständig auskühlen lassen. Mit Aprikosenkonfitüre bestreichen.

### Großmutters Geheimnis

**Im Sommer können Sie die eingelegten Aprikosen durch frische ersetzen. Gehen Sie genauso vor wie oben beschrieben, verwenden Sie aber 150 Gramm Zucker.**

 *Der Anblick dieser kleinen Töpfchen, die mit ihrer goldenen Creme, die so schön wackelte, auf den Tisch kamen, brachte gerade an trüben Tagen die heiß ersehnte Aufmunterung. Die Zungen lösten sich und man besprach in launiger Runde die Ereignisse des Tages.*

# Kleine Vanilletöpfchen

500 ml Milch
1 Vanilleschote
5 Eigelb
80 g Zucker

Milch mit der aufgeschlitzten Vanilleschote zum Kochen bringen.

Eigelb in einer Schüssel verquirlen. Zucker zufügen, dabei kräftig umrühren.

Vanilleschote aus der kochenden Milch nehmen und diese in die Eiermasse gießen, dabei stetig umrühren.

6 kleine Dessertgläser mithilfe einer Schöpfkelle füllen. Dessertgläser in eine Auflaufform stellen, die bis zur Hälfte mit kochendem Wasser gefüllt ist, und 25 Minuten bei 160 °C garen. Das Wasserbad soll sieden, aber nicht kochen.

Die Creme verfestigt sich beim Garen, wackelt aber, wenn man sie bewegt. Vor dem Servieren abkühlen lassen.

## Großmutters Geheimnis

**Die zum Aromatisieren der Milch benutzte Vanilleschote kann 4 – 5 Mal wiederverwertet werden, wenn sie nicht aufgeschnitten wird und Sie sie danach abwaschen und trocknen. Es ist das innere Mark, das am meisten Aroma enthält. Sie können daher die Schote aufschlitzen, bevor Sie sie in die Milch geben, sie kann dann aber nicht mehr wiederverwertet werden.**

## VARIANTE

*Für eine Kaffeecreme lassen Sie die Vanille weg und geben einige Tropfen Kaffeeextrakt zur Eier-Zucker-Mischung.*
*Für eine Schokoladencreme geben Sie zur Milch 25 Gramm Kakaopulver und erhöhen die Zuckermenge um 25 Gramm.*
*Für eine Pistaziencreme ersetzen Sie die Vanille durch 1 Teelöffel (ca. 12 Gramm) süße Pistazienpaste. Die Zuckermenge muss dann auf 50 Gramm reduziert werden.*

 *In unserer Kindheit stand der Topf mit Reis in der Ecke auf dem Herd und köchelte auf sehr kleiner Flamme vor sich hin. Ein Duft von Vanille und Zucker stieg uns in die Nase und ließ einen angenehmen Abschluss der Mahlzeit erahnen. Milchreis gehörte zu den kleinen Glücksmomenten des Tages.*

# Milchreis

**FÜR 4 PERSONEN**

90 g Rundkorn- oder Milchreis
500 ml Milch
1 Vanilleschote
45 g Zucker

Reis waschen und 1–2 Minuten im kochenden Wasser blanchieren. Abtropfen lassen und mit kaltem Wasser abspülen.

Milch mit aufgeschlitzter Vanilleschote in einem Topf zum Kochen bringen, Reis zufügen.

Abdecken und bei sehr schwacher Hitze ca. 30 Minuten köcheln lassen. Am Ende der Garzeit Zucker zufügen und umrühren.

## Großmutters Geheimnis

**Nutzen Sie für Desserts stets Rundkorn- bzw. Milchreis. In der Milch wird er viel weicher, schmilzt förmlich auf der Zunge und weckt Kindheitserinnerungen. Vermeiden Sie das Vermischen von Resten zweier verschiedener Reissorten, die unterschiedlich aussehen und unterschiedliche Garzeiten haben.**

## VARIANTE

*Im Backofen: 100 Gramm ungekochten Rundkorn- oder Milchreis, 70 Gramm Zucker, 1 Prise Salz und 1 Teelöffel Zimt mischen. Eine Auflaufform einfetten und mit der Mischung füllen. Mit 1 Liter kalter Milch bedecken, dabei umrühren und die Form bei sehr schwacher Hitze für 3–4 Stunden in den Ofen stellen.*

 *Wenn unsere Großmutter die ganze Familie erwartete, bereitete sie am Vortag immer Milchreis mit Äpfeln vor! Die Zubereitung dieses Desserts, das sie uns traditionell bei jedem Besuch servierte, kündigte den Beginn größerer Familienfeste an!*

# Milchreis mit Äpfeln

**FÜR 4 PERSONEN**

2 Eier
80 g Rundkorn- oder Milchreis
500 ml Milch
1 Vanilleschote
90 g Zucker
5 Äpfel
etwas Zitronensaft
etwas Zimt
50 g Butter
   + etwas Butter für die Form

## Großmutters Geheimnis

**Dieses Dessert muss vorbereitet werden – am Vortag oder am Morgen fürs Abendessen. Sie können es z. B. mit einer Soße servieren, hergestellt aus rotem Johannisbeergelee oder Aprikosenkonfitüre, verflüssigt mit 2 Esslöffeln Wasser.**

Eier trennen. Eiweiß beiseitestellen, Eigelb verquirlen.

Milchreis wie auf Seite 74 angegeben (aber nur mit der halben Menge Zucker) zubereiten. Abkühlen lassen, verquirltes Eigelb zufügen.

Backofen auf 180 °C vorheizen.

Äpfel waschen, schälen und vom Kerngehäuse befreien. In Stücke schneiden, mit Zitronensaft beträufeln und mit Zimt bestreuen. Bei schwacher Hitze mit Butter in einem Bräter anbraten. Sobald sie goldbraun sind, mit dem restlichen Zucker bestreuen und einen kurzen Moment bei schwacher Hitze karamellisieren lassen.

Eiweiß steif schlagen und unter den Reis heben.

Puddingform großzügig einfetten. Abwechselnd mit einer Schicht Reis und einer Schicht Äpfeln füllen, mit einer Reisschicht abschließen.

Ein Wasserbad mit kochendem Wasser vorbereiten, Form hineinstellen und im vorgeheizten Ofen 25 Minuten backen.

Vor dem Stürzen auf einem Servierteller vollständig abkühlen lassen.

*Als gehaltvolles Dessert, das auch schon den Allerjüngsten schmeckt, ist dieser zart schmelzende Reispudding besonders sämig und besteht aus Zutaten, die man in jedem Haushalt findet: Milch, Reis, Zucker und Eiern!*

# Reispudding

2 Eier
80 g Rundkorn- oder Milchreis
500 ml Milch
1 Vanilleschote
50 g Zucker
40 g Butter
1 gute Handvoll Rosinen oder
   einige kandierte Früchte

Eier trennen. Milchreis zubereiten (wie auf Seite 74 angegeben). Am Ende der Garzeit nacheinander geschmolzene Butter, Eigelb und Rosinen bzw. kandierte Früchte zufügen und umrühren.

Backofen auf 200 °C vorheizen.

Eiweiß steif schlagen und unter die Masse heben.

Puddingform (oder, für eine außergewöhnliche Präsentation, eine Kranzform) wie folgt karamellisieren: Zucker mit 3 Esslöffeln Wasser verrühren. Zuckermasse in die Form geben, auf den Herd stellen und bei schwacher Hitze karamellisieren lassen. Sobald der Karamell goldbraun wird, vom Herd nehmen und die Form so neigen, dass der Karamell alle Seitenwände bedeckt.

Milchreismasse in die Form füllen und 20 Minuten im vorgeheizten Ofen backen.

Pur oder mit Vanillesoße servieren.

## Großmutters Geheimnis

**Sollten Sie Karamell nicht mögen, können Sie die Form auch einfetten und sie ohne zu karamellisieren verwenden. Sie können dann Ihr Dessert z. B. mit einem Früchtekompott servieren, es mit einer Ihrer besten Konfitüren bestreichen oder mit kandierten bzw. eingelegten Früchten garnieren.**

*An Markttagen, wenn sie es eilig hatte, war dieses Dessert für unsere Großmutter eine gern in Anspruch genommene Hilfe: Dieser schnelle Tapiokabrei braucht nur 5 Minuten!*

# Tapiokabrei

500 ml Milch
Aroma nach Wahl (Vanille, Kaffee,
　　Schokolade, Zitrone etc.)
3 EL Tapioka
3 EL Zucker

Milch mit dem gewünschten Aroma (1 Päckchen Vanillezucker, ein paar Tropfen Kaffeeextrakt, 3 Esslöffel Kakaopulver oder abgeriebene Schale von 1 unbehandelten Zitrone) zum Kochen bringen.

Tapioka langsam einrieseln lassen und dabei 5 Minuten lang stetig umrühren, damit sich keine Klümpchen bilden.

Erst am Ende der Garzeit Zucker zufügen und umrühren. Die Tapioka ist gar, sobald sie glasig wird.

### Großmutters Geheimnis

**Sie können diese Süßspeise heiß, warm oder auch kalt servieren. Mit dem Abkühlen wird sie meist ein wenig fester und damit dickflüssiger.**

 *„Schon wieder Tapioka!", freuten sich alle, als sie die große Schüssel sahen, die Großmutter auf den Tisch stellte und die sich schnell leerte. Einige verlangten sogar unbedingt noch mehr davon …*

# Tapiokapudding mit Äpfeln

4 säuerliche Äpfel
20 g Butter
   + etwas Butter für die Form
40 g Zucker
1 EL Branntwein (Calvados)
500 ml Milch
60 g Tapioka
60 g Zucker
1 Päckchen Vanillezucker
3 Eier
etwas Salz

Äpfel schälen, vom Kerngehäuse befreien und in 1 Zentimeter dicke Spalten schneiden. Einige Minuten in Butter anbraten, Zucker und Branntwein zufügen.

Milch zum Kochen bringen und Tapioka einrieseln lassen. 10 Minuten kochen, dabei ständig umrühren. Zucker und Vanillezucker einrühren.

Eier trennen. Eigelb der abgekühlten Masse zufügen. Eiweiß mit einer Prise Salz steif schlagen und vorsichtig unter die Masse heben.

Die Hälfte der Tapiokacreme in eine gefettete Auflaufform geben, Äpfel darauf verteilen und mit der restlichen Creme bedecken.

Bei 200 °C 30 Minuten im Ofen backen.

## Großmutters Geheimnis

**Um eine Klümpchenbildung zu vermeiden, die Tapioka in die kochende Milch einrieseln lassen und dabei während der gesamten Garzeit umrühren.**

 *Persische Creme — was verbirgt sich wohl hinter dem mysteriösen Rezepttitel, ein Dessert aus weiter Ferne? Selbst die wählerischsten Esser werden schon aus Neugier bereit sein, diese ganz besonders cremige Mousse zu kosten.*

# Persische Creme

500 ml Milch
4 gehäufte EL Tapioka
2 Eier
4 EL Zucker
Aroma nach Wahl (Kaffee, Schokolade, Zitrone, Orange,
   Maronencreme, etc.)

Milch zum Kochen bringen (für eine Zitronen- oder Orangencreme nur 250 Milliliter Milch verwenden), Tapioka einrieseln lassen und 5 Minuten sorgfältig umrühren.

Eier trennen. Eigelb mit 4 Esslöffeln Zucker schaumig schlagen (nur 2, wenn die Tapioka mit Maronencreme aromatisiert werden soll). Vom Herd nehmen, Eiermasse zur Tapioka geben sowie das gewählte Geschmacksaroma zufügen (ein paar Tropfen Kaffeeextrakt, 4 geschmolzene Schokoriegel, abgeriebene Schale von ½ unbehandelten Zitrone oder von ½ unbehandelten Orange oder auch 2 Esslöffel Vanille-Maronencreme).

Für 2 Minuten erneut zum Kochen bringen, dabei stetig umrühren.

Eiweiß steif schlagen und unter die Masse heben.

In Dessertschälchen füllen und einige Stunden kalt stellen oder sogar einfrieren.

## Großmutters Geheimnis

**Für Erwachsene darf es auch ein bisschen Alkohol sein: Geben Sie zum Eigelb je nach Geschmack 2 Esslöffel Kirschwasser, Grand Marnier oder Curaçao.**

# Zur Kaffeezeit

Das nachmittägliche Kaffeetrinken — Lieblingsmahlzeit der Kinder und wohlverdiente Pause der Größeren — war in unserer Kindheit ein magischer Moment, in dem die Zeit stillzustehen schien. Wir versammelten uns dann alle in der Küche.

Meist tunkten wir einfach Butterbrote mit geraspelter Schokolade, Konfitüre oder Honig in eine große Tasse Kakao oder Milchkaffee. An anderen Tagen ließen wir uns eine dicke Scheibe Brioche, Gugelhupf oder aber Lebkuchen schmecken und tranken dazu ein Glas Orangensaft oder eine Tasse Tee.

*„Eine Brioche machen" bedeutet in Frankreich im übertragenen Sinne „ins Fettnäpfchen treten".
Diese Bedeutung soll auf die Anfangszeit der Pariser Oper zurückgehen. Wenn einer der Musiker
des Orchesters falsch spielte, wurde er mit einem Bußgeld bestraft, das in einen Gemeinschaftstopf
eingezahlt wurde. Davon wurden dann Brioches für alle gekauft.*

# Brioche

7 g Trockenhefe
2 EL Milch
20 g Zucker
1 TL Salz
250 g Mehl
1 Eigelb
3 Eier
200 g Butter
    + etwas Butter für die Form

## Großmutters Geheimnis

**Dieser Teig wird „mit den Händen"
bearbeitet, scheuen Sie sich nicht,
ihn ordentlich durchzukneten, er
wird dann noch besser! Praktisch ist
es, wenn Sie eine Schale mit Mehl
neben sich stellen, so können Sie
Ihre Hände regelmäßig mit Mehl
bestäuben.**

Hefe in 1 Esslöffel lauwarmer Milch auflösen. Zucker und
Salz in der restlichen Milch auflösen.

Mehl in eine Schüssel geben und eine Vertiefung
eindrücken. Beide Flüssigkeiten und das Eigelb in die
Vertiefung geben. Gut verrühren und die beiden restlichen
Eier hineinschlagen, unterrühren und den Teig so lange
kneten, bis er nicht mehr klebt. Weiche Butter in Stücken
zufügen, dabei darauf achten, dass der Teig seine Elastizität
behält.

Teig weitere 10 Minuten kneten, daraus eine Kugel formen.
In eine Schüssel legen, mit einem sauberen Küchentuch
abdecken und 3 Stunden bei Zimmertemperatur gehen
lassen. Sobald er sein Volumen verdoppelt hat, auf eine
mit Mehl bestäubte Arbeitsfläche legen und einige
Minuten kneten.

Backofen auf 210 °C vorheizen.

Briocheform einfetten und mit zwei Dritteln des Teigs
füllen. Für den „Kopf" die Mitte leicht eindrücken. Mit
dem restlichen Teig eine zweite Kugel formen und diese
auf die Vertiefung setzen. Darauf achten, dass der „Kopf"
schön rund ist. Die Form sollte bis an den Rand gut mit
Teig gefüllt sein. Teig mit Eigelb bepinseln.

Im vorgeheizten Ofen 10 Minuten backen, dann Ofentemperatur auf 180 °C senken, ohne die Tür zu öffnen.
Weitere 25 Minuten backen.

Sobald die Brioche fertig ist, Form in ein an seinen vier
Ecken gehaltenes Küchentuch stürzen, damit der „Kopf"
nicht zerdrückt wird. Zum Abkühlen auf einen Rost stellen.

 *Dieser Kuchen schmeckt noch besser, wenn er ein bisschen altbacken ist: Bereiten Sie ihn ein paar Tage vor dem Servieren vor. Damit Sie davon immer etwas zu Hause haben, können Sie ihn sogar einfrieren. Aber vergessen Sie nicht, ihn erst am Tag des Verzehrs herauszuholen!*

# Gleichschwerkuchen

3 große Eier (insg. ca. 180 g)
180 g Zucker
180 g Mehl
180 g Butter
    + etwas Butter für die Form
2 oder 3 EL Milch nach Belieben
Aroma nach Wahl (Zitrone, Orange,
    Vanille etc.)
etwas Salz

Backofen auf 180 °C vorheizen.

Eier trennen. Eigelb und Zucker schaumig schlagen, Mehl und geschmolzene Butter zufügen und verrühren. Wenn die Mischung zu dickflüssig bzw. zu trocken ist, einige Esslöffel Milch zugeben.

Aroma Ihrer Wahl zufügen (abgeriebene Schale von 1 unbehandelten Zitrone, einige Tropfen Orangen-blütenwasser, Vanillepulver etc.).

Eiweiß mit einer Prise Salz steif schlagen und vorsichtig unter die Masse heben.

Einen Kreis aus Backpapier ausschneiden und den Boden einer Springform damit auslegen, einfetten und die Masse darüber gießen.

Im vorgeheizten Ofen 35–40 Minuten backen. Der Kuchen ist fertig, sobald an einer hineingesteckten Messerklinge kein Teig mehr kleben bleibt. Auf einen Rost stellen und abkühlen lassen.

## Großmutters Geheimnis

**Für einen lockereren Kuchen können Sie dem Mehl 1 Teelöffel Backpulver beimischen.**

 *Betrachtet man die Welt mit Kinderaugen, dann ist ein süßer Snack am Nachmittag oft das kulinarische Highlight des Tages. Was für eine Freude, wenn uns damals der Duft von Kakao in die Küche lockte und wir dort auf dem Tisch diese Biskuitrolle sahen, die mit einer köstlichen Konfitüre aus roten Früchten üppig gefüllt war …*

# Biskuitrolle mit Konfitüre

4 Eier
80 g Zucker
60 g Mehl
60 g Maisstärke
etwas Salz
etwas Kirschwasser
Fruchtkonfitüre

## Großmutters Geheimnis

**Das Auf- und Entrollen sollte sehr zügig vonstatten gehen, damit der Kuchen keine Zeit hat, hart zu werden. Wenn Sie ein feuchtes Geschirrtuch dazu verwenden, können Sie mit dem Füllen auch etwas warten (allerdings höchstens eine Stunde).**

Backofen auf 230 °C vorheizen.

Backblech mit Backpapier auslegen.

Eier trennen. Eigelb mit Zucker schaumig schlagen.

Unter Rühren mit dem Teigschaber Mehl und Maisstärke zugeben. Wenn der Teig zu dickflüssig erscheint, einen Löffel Wasser zufügen.

Eiweiß mit einer Prise Salz sehr steif schlagen und vorsichtig unter den Teig heben.

Teig auf das Backpapier gießen und im vorgeheizten Ofen 7 Minuten backen.

Die Ofentür darf frühestens nach 5 Minuten geöffnet werden.

Währenddessen ein sauberes, leicht feuchtes Geschirrtuch bereithalten.

Den gebackenen Teig auf das Geschichirrtuch auf der Arbeitsplatte legen, in dem feuchten Geschirrtuch locker aufrollen und sofort wieder entrollen. Teig mit einigen Tropfen Kirschwasser beträufeln, mit Konfitüre bestreichen und sehr eng aufrollen.

Den Kuchen auf einem Gitter vollständig auskühlen lassen und in Scheiben geschnitten servieren.

 *Jeder Gast erhält ein Unikat, denn die Marmorierung unterscheidet sich von Stück zu Stück. Als Kinder machten wir oft ein Spiel daraus: Die Stücke wurden mit geschlossenen Augen verteilt — wer den größten dunklen Anteil hatte, war der Sieger!*

# Marmorkuchen

100 g Zartbitterschokolade
250 g Butter
200 g Zucker
5 Eier
250 g Mehl
1 Päckchen Backpulver
100 ml Milch
1 TL Vanillearoma

## Großmutters Geheimnis

**Um zu prüfen, ob der Kuchen fertig ist, stechen Sie einfach mit einem Messer in den Teig. Wenn Sie das Messer herausziehen, darf nichts daran kleben bleiben.**

Backofen auf 200 °C vorheizen.

Schokolade in Stücke brechen und im Wasserbad schmelzen lassen.

In einer Schüssel weiche Butter mit 150 Gramm Zucker verrühren.

Eier trennen. Abwechselnd Eigelb, gesiebtes Mehl, Backpulver und lauwarme Milch unterrühren.

Teig halbieren und auf zwei Schüsseln verteilen.

Zu der einen Hälfte Vanillearoma, zu der anderen Hälfte geschmolzene Schokolade zugeben.

Eiweiß mit dem restlichen Zucker sehr steif schlagen.

Eiweiß auf die beiden Teighälften verteilen, wobei etwas mehr zum Schokoladenteig gegeben werden sollte, und vorsichtig unterheben.

Springform oder Gugelhupfform einfetten und abwechselnd jeweils einen Löffel der beiden Teigmassen einfüllen.

Etwa eine Stunde im vorgeheizten Ofen backen.

Auf einem Gitter auskühlen lassen und servieren.

 *Die Habsburger Prinzessin Marie-Antoinette trug entscheidend dazu bei, dass in Frankreich mit Hefe gebacken wird, die in Polen und in Österreich schon seit Langem verwendet worden war. Dadurch lernten die Franzosen viele Desserts auf Basis von Hefeteig lieben: Brioche Mousseline, runde Brioche, Brioche-Zopf, Brioche-Krone, Köpfchen-Brioche …*

# Gugelhupf

12 g Hefe
125 ml Milch
etwas Salz
25 g Zucker
125 g Butter
  + etwas Butter für die Form
250 g Mehl
2 große Eier
100 g Rosinen, in Malaga-Wein
  eingelegt
50 g Mandeln (gehobelt)
etwas Puderzucker

## Großmutters Geheimnis

**Dieser Kuchen schmeckt auch, wenn er noch lauwarm ist, aber selbst am nächsten Tag ist er genauso lecker und kann leichter geschnitten werden.**

Hefe zerbröckeln und in 2 Esslöffeln warmer Milch auflösen. In der restlichen lauwarmen Milch 1 Prise Salz und Zucker auflösen, Butter darin schmelzen lassen.

Mehl in eine Schüssel geben, in die Mitte eine Vertiefung eindrücken und Eier hineingeben. Von Hand verkneten, dabei nach und nach lauwarme Milch mit Butter, Zucker und Hefe zufügen.

Teig von Hand bearbeiten und immer wieder zur Probe hochziehen. Er wird elastisch und löst sich nach und nach einfach von den Händen.

In einem Topf Rosinen kurz mit kochendem Wasser übergießen, auf Küchenpapier abtropfen lassen. Dadurch wird verhindert, dass sie sich beim Backen am Boden der Form sammeln. Rosinen unter den Teig heben.

Teigschüssel mit einem sauberen Tuch abdecken und an einem warmen Ort 2–3 Stunden gehen lassen, bis der Teig etwa die doppelte Größe hat. Teig kurz,und nicht zu kräftig abschlagen.

Backofen auf 180 °C vorheizen.

Gugelhupfform mit Butter einfetten.

Mandeln in der Form verteilen und Teig vorsichtig darübergeben. Zudecken und an einem warmen Ort gehen lassen, bis der Teig die ganze Form ausfüllt.

Gugelhupf im vorgeheizten Ofen 45 Minuten backen. Aus der Form holen und auf einem Gitter abkühlen lassen. Mit Puderzucker bestäuben.

 *Gewürzbrot ist in den Regionen, in denen der Nikolaustag gefeiert wird, weit verbreitet. Es erinnert uns an Weihnachten, an eine glückliche Zeit und an Geschenke: an den Weihnachtsmann ... Dieses Gebäck stimmte uns hoffnungsvoll und es war auch dafür bekannt, unheilvolle Kräfte abzuwenden.*

# Gewürzbrot

250 g Mehl
100 g Zucker
1 TL Natron (in der Apotheke
   erhältlich)
1 TL gemahlener Anis
200 ml Milch
3 EL Honig
etwas Öl für die Form

Am Vorabend Mehl, Zucker, Natron und Anis mischen. Mit einem sauberen Tuch abdecken und ruhen lassen.

Am nächsten Morgen Backofen auf 200 °C vorheizen.

Milch erwärmen, Honig darin auflösen und zur Mehl-Zucker-Mischung geben. Teig gut 10 Minuten kneten.

Kastenform einfetten oder mit Backpapier auslegen. Form bis zur Hälfte mit Teig füllen. Mit Backpapier oder Alufolie abdecken.

Gewürzbrot im vorgeheizten Ofen 40 Minuten backen.

1 Stunde im ausgeschalteten Ofen ruhen lassen, dann aus der Form holen.

## Großmutters Geheimnis

**Damit die Oberfläche Ihres Gewürzbrots schön glatt wird und glänzt, bestreichen Sie es vor dem Backen mit einer Milch-Ei-Mischung. Für einen weißen Zuckerguss mischen Sie 200 Gramm Puderzucker mit einem Eiweiß und etwas Zitronensaft, die Sie zu einer weißen Creme verrühren. Streichen Sie diese mithilfe eines Messers auf das Gewürzbrot und stellen Sie es an den Rand des lauwarmen Backofens, bis die Glasur eine undurchsichtige weiße Farbe angenommen hat.**

 *Dieser berühmte Englische Kuchen, der früher nur zur „Tea Time" auf den Tisch kam, ist ein Kuchen, wie ihn die Engländer lieben, mit Rosinen und Trockenfrüchten. In England wird er „Plum Cake" genannt.*

# Englischer Kuchen

125 g weiche Butter
  + etwas Butter für die Form
125 g Zucker
3 Eier
50 g Rosinen
150–200 g gemischte
  Trockenfrüchte
1 TL Vanillearoma
200 g Mehl
2 TL Backpulver

## Großmutters Geheimnis
**Wenn der Kuchen beim Backen zu schnell Farbe bekommt, decken Sie ihn mit einem Stück Alufolie ab.**

Backofen auf 200 °C vorheizen. Der Ofen muss sehr heiß sein, wenn der Kuchen hineinkommt, damit die Früchte nicht auf den Boden rutschen.

Butter und Zucker in einer Schüssel schaumig schlagen. Eier einzeln unter kräftigem Rühren zugeben.

Rosinen kurz mit kochendem Wasser übergießen, auf Küchenpapier abtropfen lassen und mit den übrigen Trockenfrüchten in etwas Mehl wälzen, damit sie im Kuchen nicht nach unten sacken. Unter die Buttermasse heben und Vanillearoma zugeben.

Mehl mit Backpulver mischen und über den Teig sieben, diesen dabei leicht ummanteln.

Eine hohe Kastenform mit Backpapier auslegen und den Rand überstehen lassen. Form gut einfetten und Teig hineingießen. Die Form darf höchstens zu drei Vierteln gefüllt werden.

45 Minuten im vorgeheizten Ofen backen.

Ein perfekter Cake muss an der Oberfläche aufbrechen. Damit er beim Stürzen nicht kaputtgeht, sollte er außerhalb des Ofens abkühlen, bis er lauwarm ist und dann auf ein sauberes, gespanntes Tuch gestürzt werden. Auf einem Gitter komplett abkühlen lassen.

Dieser Klassiker aus der Backstube schmeckt noch besser, wenn er nicht mehr ganz frisch ist. Er hält sich bis zu einer Woche luftdicht verpackt in einer Metall- oder Plastikdose.

 *Wenn Marmelade eingekocht wurde, waren alle Kinder in freudiger Aufregung! Der blanke, große Topf funkelte blitzsauber. Der Duft von frischen Früchten wehte durchs ganze Haus und zog uns magisch an, mit dem Schaumlöffel wurde der Schaum abgeschöpft, und wir warteten ungeduldig darauf, unsere Finger in die Konfitürenkleckse stecken zu können.*

# Aprikosenkonfitüre

2 kg reife Aprikosen
1,6 kg Zucker

Aprikosen waschen und halbieren. Entsteinen und einige Kerne aufbewahren.

Aprikosen in einer großen Schüssel in Zucker einlegen und 24 Stunden ruhen lassen.

Am nächsten Tag die Mischung in einen großen Marmeladentopf gießen. Wenn die Aprikosen ausreichend Wasser gezogen haben, muss keines mehr zugefügt werden.

Schale von den beiseitegestellten Kernen entfernen, Kerne kleinschneiden und diese zur Konfitüre geben.

15–20 Minuten bei starker Hitze einkochen.

Konfitüre in vorher sterilisierte Gläser füllen und sofort luftdicht verschließen.

## Großmutters Geheimnis

**Die Kochzeit für Konfitüre kann unmöglich präzise angegeben werden. Sie können aber den Gargrad prüfen, indem Sie ein paar Tropfen der Konfitüre auf einen kalten Teller geben. Werden sie fest und verläuft nichts mehr, ist die Konfitüre fertig!**

 *Unsere Großmutter hatte immer große Schwierigkeiten mit dieser Himbeerkonfitüre! Viele kleine Hände pflückten regelmäßig die leckeren Früchte ab, bevor sie ihren Weg in den Marmeladentopf finden konnten.*

# Himbeerkonfitüre

1 kg Himbeeren
800 g Zucker
Saft von ½ Zitrone

## Großmutters Geheimnis

**Wenn Sie Gläser mit Metalldeckel verwenden, stellen Sie diese nach dem Verschließen ein paar Minuten auf den Kopf, damit sie luftdicht abschließen und die Konfitüre länger hält.**

Himbeeren mit Zucker und dem Zitronensaft in einen Topf geben.

Bei starker Hitze unter häufigem Rühren etwa 10 Minuten kochen.

Gargrad prüfen, indem einige Tropfen Konfitüre auf einen Teller gegeben werden: Sie ist fertig, wenn diese sofort fest werden.

Konfitüre in vorher sterilisierte Gläser füllen und abkühlen lassen.

Ein Stück Zellophanfolie vorbereiten, das etwas größer ist als der Durchmesser des Glases. Von einer Seite mit einem ungebrauchten Schwamm anfeuchten. Durch Herunterziehen an den Glasrändern mit der feuchten Seite nach außen befestigen. Mit einem Gummi fest verschließen.

*Es macht einfach Freude, diese Gläser mit dem rot-weiß karierten Deckel schön aufgereiht im Küchenregal bewundern zu können! Und die Freude wird noch größer, wenn man das erste Glas öffnet, den Löffel in das herrlich säuerliche Gelee taucht und probiert!*

# Johannisbeergelee

2–3 kg Johannisbeeren
dieselbe Menge Zucker, die dem
gewonnenen Fruchtsaft
entspricht

## Großmutters Geheimnis

**Verwenden Sie zum Kochen am
besten einen Topf, der doppelt so
viel Fassungsvermögen hat wie die
zu kochende Konfitüre.**

Johannisbeerrispen waschen und mit 100 Milliliter Wasser in einen großen Marmeladentopf geben. Nicht mehr als 2–3 kg Früchte zubereiten, denn bei einer größeren Menge ist es schwierig, das Gelee zu verarbeiten. 5 Minuten bei starker Hitze kochen, dabei die Früchte mit der Rückseite der Schöpfkelle zerdrücken.

Flüssigkeit durch ein mit einem feinen Tuch ausgelegtes feines Sieb passieren.

Den so gewonnenen Saft wiegen und dieselbe Menge Zucker zufügen.

Erneut in den Topf gießen und 3 Minuten kochen, dabei regelmäßig den Schaum abschöpfen.

Gargrad prüfen, indem einige Tropfen Gelee auf einen Teller gegeben werden: Wenn sie schnell fest werden, ist das Gelee fertig.

Sirup sofort in vorher sterilisierte Gläser füllen.

Wenn das Gelee kalt ist, mit einem Stück Zellophanfolie abdecken, dessen Außenseite angefeuchtet wurde. Durch Herunterziehen an den Glasrändern befestigen und mit einem Gummi fest verschließen.

*Aus diesen schokoladigen Leckerbissen mit dem feinen Honiggeschmack blitzen die Farben der kandierten Früchte. Florentiner sind ein Zwischending aus Keksen und Bonbons und waren für uns Kinder genauso verlockend wie Nektar für die Bienen.*

# Florentiner

100 g kandierte Früchte
150 g Zucker
50 g Honig
70 g Butter
150 g Crème fraîche
120 g Mandelblättchen
50 g Mehl
200 g Zartbitterschokolade

## Großmutters Geheimnis

**Der Teig dieser kleinen Kekse zerläuft beim Backen gerne. Sorgen Sie für ausreichend Abstand, damit die Kekse nicht aneinanderkleben.**

Kandierte Früchte in sehr kleine Stücke schneiden.

In einem Topf Zucker, Honig, Butter und Crème fraîche verrühren. Vorsichtig zum Kochen bringen und 5 Minuten unter Rühren mit einem Holzlöffel kochen.

Masse über die Mischung aus Mandeln und kandierten Früchten gießen. Gut verrühren und Mehl zugeben. Lauwarm abkühlen lassen.

Backblech mit Backpapier auslegen und darauf in großem Abstand kleine Teigkleckse verteilen.

8 Minuten im Ofen bei 170 °C backen.

Die goldbraunen Kekse vom Backblech lösen und auf einem Gitter auskühlen lassen.

Schokolade im Wasserbad schmelzen und kurz abkühlen lassen.

Mit einem Pinsel eine Schicht Schokolade auf die glatte Unterseite der Florentiner streichen.

 *Wenn unsere Großmutter zum Kaffee ihre Schokoladentrüffel herausholte, setzten sich auch diejenigen wieder hin, die es kurz zuvor noch eilig hatten. Wir Kinder reichten die Platte gerne herum … nicht ohne uns selbst jedes Mal daran zu bedienen.*

# Schokoladentrüffel

**FÜR ETWA 30 SCHÖNE TRÜFFEL**
200 g Zartbitterschokolade
60 g Butter
1 Eigelb
4 EL Puderzucker
ungesüßtes Kakaopulver
einige Papier-Pralinenförmchen

### Großmutters Geheimnis
**Schmecken Sie die Trüffelmasse mit ein paar Tropfen Vanillearoma, einer Orangenzeste oder einem Teelöffel Minzlikör ab … So erhalten Sie ganz unterschiedliche Trüffel!**

Schokolade in Stücke brechen und zusammen mit 2 Esslöffeln Wasser in einen kleinen Topf geben. Topf auf einen größeren Topf stellen, der zur Hälfte mit Wasser gefüllt ist. Auf dem Herd erwärmen und Schokolade im Wasserbad schmelzen. Wenn ein Messer ohne Widerstand durch die Schokolade gleitet, vom Herd nehmen.

Die in Stücke geschnittene Butter unter Rühren mit einem Holzlöffel zufügen.

Wenn die Masse glatt ist und schön glänzt, Eigelb zugeben und gut verrühren. Puderzucker unterheben. 3 Minuten lang sorgfältig glatt rühren, dann für einige Stunden in den Kühlschrank stellen. Die Masse muss schön fest werden.

Kakaopulver auf einen Teller geben. Mithilfe von zwei Teelöffeln walnussgroße Kugeln aus der Masse formen und im Kakao wälzen.

Trüffel in kleine Papierpralinenförmchen setzen und servieren.

 *Diese farbenfrohen Leckereien durften bei keinem Geburtstag fehlen! Wir warteten genauso ungeduldig auf dieses Ritual wie auf den Geburtstagskuchen selbst, der jedes Jahr mit einer Kerze mehr dekoriert wurde.*

# Schokoladenecken

200 g Kekse, am besten
  Butterkekse
180 g Zartbitterschokolade
150 g Butter
  + etwas Butter für die Form
Schokolinsen oder Zuckerblüten
  (Streudekor)

### Großmutters Geheimnis
**Die Kekse zerbröseln Sie am einfachsten, indem Sie sie im Ganzen in eine saubere Plastiktüte (zum Beispiel in einen Gefrierbeutel) geben und mit einem Nudelholz zerdrücken.**

Kekse in einer Schüssel zerbröseln.

Schokolade in Stücke brechen und im Wasserbad schmelzen. Die in kleine Stücke geschnittene Butter zufügen und zu einer glatten, glänzenden Masse verarbeiten.

Masse in die Schüssel geben und gut mit den Kekskrümeln verrühren.

Rechteckige Form bzw. Backblech mit Butter fetten und die Masse 2 Zentimeter hoch hineingießen.

2 Stunden im Kühlschrank fest werden lassen.

Kuchen aus der Form nehmen und mit einem Messer in rechteckige Stücke schneiden. Jedes Stück mit Schokolinsen oder etwas Streudekor verzieren.

*Wenn wir durch Zufall bemerkten, dass aus dem Haus von Mimi der Duft von Schokolade und Honig strömte, schlüpften wir schnell hinein. Alles hing vom richtigen Zeitpunkt ab, denn das Backen dieses Desserts war heikel. Ein paar Minuten zu viel, und das Karamell verbrannte … ein paar Minuten zu wenig, und es wurde nicht richtig hart!*

# Mimis Karamell

etwas Öl für die Form
50 g ungezuckerter Kakao
125 g Zucker
125 g Honig
80 g Butter
120 g Crème fraîche

Form für das Karamell mit ausreichend Öl einfetten.

Kakao, Zucker, Honig, Butter und Crême fraîche in einen Topf mit schwerem Boden geben.

Bei schwacher Hitze unter langsamem, aber stetigem Rühren mit einem Holzlöffel schmelzen lassen. Temperatur dabei langsam erhöhen.

Nach einer Viertelstunde den Gargrad prüfen: Einen Teelöffel von der Masse in eine Schüssel mit kaltem Wasser geben. Das Karamell muss je nach gewünschter Konsistenz eine mehr oder weniger harte Kugel bilden.

Wenn der angestrebte Garpunkt erreicht ist, die Masse in die Form gießen und gut abkühlen lassen, bevor sie aus der Form geholt wird.

## Großmutters Geheimnis

**Wenn Sie keine spezielle Form für das Karamell besitzen, fetten Sie eine quadratische oder rechteckige Kuchenform gut ein und gießen Sie die Masse hinein. Schneiden Sie im noch warmen Zustand mit einer eingefetteten Messerspitze kleine Vierecke vor. Nachdem die Masse komplett abgekühlt ist, können Sie die vorgeschnittenen Vierecke ausschneiden.**

 *Egal ob als kleine Leckerbissen zum Kaffee oder als nettes kleines Mitbringsel bei einem Besuch — kandierte Orangen hatten einen Stammplatz in den geheimen Vorratsdosen unserer Großmutter und gehörten zu den Leckereien, mit denen sie uns immer verwöhnte.*

# Kandierte Orangenschalen

4 unbehandelte Orangen mit
  dicker Schale
250 g Zucker
200 g Zartbitterschokolade
25 g Butter

Orangen mit einem Messer vorsichtig schälen und dabei einen Großteil der weißen Haut mit abziehen.

Orangenschalen in Streifen von etwa ½ Zentimeter Breite schneiden.

5 Minuten in kochendem Wasser blanchieren, dann abgießen.

Aus 500 Milliliter Wasser und Zucker einen Sirup herstellen. Orangenschalen in den kochenden Sirup geben und 1 ½–2 Stunden kochen. 12 Stunden im Topf abkühlen lassen.

Schokolade und die in Stücke geschnittene Butter im Wasserbad schmelzen.

Orangenschalen abtropfen lassen und einzeln in die geschmolzene Schokolade tunken.

Nebeneinander auf Backpapier legen und auskühlen lassen.

## Großmutters Geheimnis

**Verwenden Sie am besten kräftige Zartbitterschokolade. Wenn Sie die kandierten Orangenschalen nicht in Schokolade tunken, können Sie sie auch als Beilage oder zur Dekoration für Kuchen nach Ihrer Wahl verwenden.**

 *Marzipan war in unserer Kindheit unser Knetgummi. Wir haben unserer Großmutter immer geholfen, die Früchte zu füllen, sie im Puderzucker — der kleine Staubwölkchen über unseren Köpfen bildete — zu rollen und dann vorsichtig in kleinen Papierförmchen anzurichten.*

# Marzipanfrüchte

250 g Mandeln (gemahlen)
250 g Puderzucker
  + etwas Puderzucker zum
  Wälzen
ein paar Tropfen Bittermandelöl
1 Eiweiß
verschiedene Lebensmittelfarben
einige Datteln
einige Pflaumen
einige Walnüsse
einige Mandeln (ganz)

Gemahlene Mandeln mit Puderzucker mischen und Bittermandelöl zugeben.

Nach und nach ungeschlagenes Eiweiß unterheben. Masse von Hand durchkneten, damit sie geschmeidig wird. Hat sie die richtige Konsistenz, bevor das komplette Eiweiß zugegeben wurde, muss dieses nicht vollständig zugegeben werden.

Masse in mehrere Stücke teilen. Jeweils zwei Tropfen Lebensmittelfarbe in verschiedenen Farben zugeben und einkneten.

Datteln und Pflaumen entsteinen, mit Marzipan füllen und in Puderzucker wälzen.

Walnüsse knacken und Kerne herausholen. Aus der Marzipanmasse kleine Kugeln formen und von Oben einen Walnusskern oder eine Mandel hineinstecken.

## Großmutters Geheimnis

**Sie können das Marzipan auch zum Dekorieren und Garnieren verwenden. Für einen Maiglöckchenstängel beispielsweise geben Sie grüne Farbe in einen Teil der Masse und heben ein wenig weiße Masse auf. Schneiden Sie mithilfe eines kleinen Messers die Form eines Blatts aus, das Sie an einem Ende zusammendrücken. Biegen Sie dann die Blattmitte leicht und legen Sie auf diesen Teil eine feine Teigschnur als Stiel. Rollen Sie kleine Kügelchen aus weißem Teig zwischen Ihren Fingern und setzen Sie diese an beide Seiten des Stiels.**

 *Quittenbäume wurden früher bevorzugt als Hecken gepflanzt und grenzten so benachbarte Grundstücke ab. Sie haben flauschige Früchte, deren Reifegrad man ganz einfach durch Reiben feststellen kann: im reifen Zustand lässt sich der Flaum ganz einfach ablösen.*

# Quittenbrot

500 g Quitten
½ unbehandelte Zitrone
550 g Zucker
20 g Geliermittel für Konfitüre
etwas Butter

## Großmutters Geheimnis

**Am Ende des Kochvorgangs können Sie die Masse auch in eine mit Backpapier ausgelegte eckige Kuchenform füllen. So können Sie das Quittenbrot nach und nach in Scheiben schneiden und immer frisch genießen.**

Quitten und halbe Zitrone waschen und vierteln. Quitten vom Kerngehäuse befreien, alles in einen Topf mit schwerem Boden geben, knapp mit Wasser bedecken und etwa 20 Minuten kochen.

Zitrone herausnehmen und Früchte mithilfe einer Gemüsepresse zu Püree verarbeiten. 500 Gramm Zucker zufügen.

Erneut aufkochen lassen und Geliermittel zufügen, das mit dem restlichen Zucker vermischt wurde und einrühren.

Butter unter ständigem Rühren zufügen und bei starker Hitze 3 Minuten lang kochen.

Masse auf ein mit Backpapier ausgelegtes Blech mit hohem Rand streichen.

2–3 Stunden hart werden lassen, dann in kleine Quadrate oder Rauten schneiden. Vor dem Servieren können Sie diese kleinen Quittenbrotstücke in Zucker wälzen.

*Diese Kuchen sind schon bei den Kleinsten beliebte Leckerbissen. Der Schriftsteller Marcel Proust sagte über sie, sie seien „dickliche, ovale Sandtörtchen, die man ‚Kleine Madeleines' nennt und die aussehen, als habe man als Form dafür die gewellte Schale einer Jakobsmuschel benutzt." Madeleines erwecken bei jedem Bissen schöne Erinnerungen …*

# Madeleines

125 g geschmolzene Butter
  + etwas Butter für die Form
150 g Zucker
Aroma nach Wahl (Vanille,
  Orangenlikör oder abgeriebene
  Schale von 1 unbehandelten
  Zitrone)
2 große Eier
150 g Mehl

Butter und Zucker in einer Schüssel schaumig schlagen.

Aromasubstanz sowie nacheinander Eier und Mehl unterheben und zu einem glatten Teig verarbeiten.

Form vor dem Befüllen kalt stellen. Wird die kalte Form dann auf ein heißes Blech gestellt, bildet sich die für Madeleines typische kleine Beule.

Teig 1 Stunde bei Zimmertemperatur ruhen lassen, damit die Madeleines besser aufgehen.

Backofen auf 200 °C vorheizen.

Madeleineform einfetten und 1 Teelöffel Teig in jedes Förmchen füllen. Madeleines im vorgeheizten Ofen 15 Minuten backen.

Sofort aus der Form holen und abkühlen lassen.

## Großmutters Geheimnis

**Damit die Madeleines förmlich auf der Zunge zergehen, können Sie 50 Gramm Zucker durch 2 Esslöffel Honig ersetzen, den Sie ganz am Ende unterheben.**

# Aus der Vorratskammer

Ich habe nie erlebt, dass unsere Großmutter von Gästen überrascht wurde! Wenn sich Besuch ankündigte, hatte sie immer einen kleinen Kuchen parat, den sie anbieten konnte oder waren es ein paar Kekse für Nachbarn, die spontan vorbeikamen. Selbst wenn wir am späten Nachmittag untätig durch die Küche schlichen und eine Beschäftigung oder etwas Süßes zum Knabbern suchten, öffnete sie ganz selbstverständlich ihren Süßigkeitenschrank und zauberte daraus immer eine kleine Leckerei hervor, mit der wir die Zeit bis zum Abendessen überbrücken konnten.

*„Oma, wollen wir Mürbegebäck machen?" — Im Handumdrehen war der Teig fertig und der Tisch bereit. Wir schoben unsere Ärmel hoch, schütteten Mehl auf den Tisch und packten das Nudelholz aus. Und dann begannen wir damit, Halbmonde auszustechen …*

# Mürbegebäck

200 g Mehl
100 g Zucker
etwas Salz
100 g Butter
  + etwas Butter für das Blech
1 Ei
1 Eigelb

## Großmutters Geheimnis

**Wenn Sie hochwertige Butter verwenden, schmeckt das Mürbegebäck pur ganz köstlich. Ansonsten können Sie den Teig auch mit Zimt, Zitronenabrieb, Vanillearoma, Vanillezucker, Anispulver oder Orangenblütenwasser aromatisieren.**

Mehl, Zucker und eine Prise Salz in einer Schüssel mischen. Butter in ganz kleine Stücke schneiden. Teig von Hand kneten, bis er eine gelbe, bröckelige Struktur hat.

Backofen auf 210 °C vorheizen.

Ei zugeben. Zunächst mit dem Teigspatel, dann von Hand verarbeiten und eine Kugel formen. Kalt stellen.

Arbeitsplatte leicht mit Mehl bestäuben und Teig mit einem Nudelholz ausrollen. Mürbegebäck mit kleinen Förmchen ausstechen.

Plätzchen auf einem gebutterten Backblech verteilen. Mithilfe eines Pinsels mit Eigelb bestreichen und im vorgeheizten Ofen 10 Minuten backen.

Aus dem Ofen holen. Sobald das Gebäck eine goldgelbe Farbe bekommt, vom Blech nehmen und auf einem Gitter nebeneinander abkühlen lassen.

Mürbegebäck hält sich etwa 10 Tage in einer dicht verschlossenen Keksdose.

 *Nur ein wenig Organisation ist nötig, dann ist die Zubereitung der Dachziegelplätzchen ganz einfach. Während der Teig bäckt, bereiten Sie schon Ihr Nudelholz vor, und sobald die „Dachziegel" aus dem Ofen kommen, legen Sie sie vorsichtig darum herum. So erhalten sie ihre gebogene Form, die sie auch beim Trocknen behalten.*

# Dachziegelplätzchen

100 g Butter
   + etwas Butter für das Blech
200 g Zucker
4 Eiweiß
100 g Mehl
1 EL Crème fraîche

Backofen auf 210 °C vorheizen.

Weiche Butter und Zucker in einer Schüssel verrühren. Zuerst das ungeschlagene Eiweiß, dann Mehl und Crème fraîche unterheben. Alles gut vermengen.

Kleine Teigkleckse auf einem gebutterten und bemehlten Backblech verteilen. Mit der Unterseite eines Löffels kreisförmig sehr dünn verstreichen.

Im vorgeheizten Ofen 5–7 Minuten backen.

Direkt beim Herausholen aus dem Ofen die Dachziegel vorsichtig ablösen und noch heiß um ein Nudelholz legen.

Abkühlen lassen und in einer Keksdose aufbewahren.

## Großmutters Geheimnis

**Um sicherzugehen, dass Sie beim Formen der Dachziegelplätzchen nicht in Bedrängnis geraten, backen Sie die Plätzchen nicht auf einmal, sondern auf mehreren Blechen hintereinander. Da der Teig sehr schnell bäckt, verlieren Sie nicht viel Zeit, … vermeiden aber unschöne Ergebnisse.**

*Als wir unsere Großmutter später nach diesen Löffelbiskuits fragten, die uns beim Backen vor so große Probleme stellten, lächelte sie nur leise: Hatte sie etwa heimlich welche gebacken? Und würde sie uns das Rezept verraten?*

# Löffelbiskuits

120 g Butter
120 g Zucker
2 große Eier (ca. 120 g)
120 g Mehl
Aroma nach Wahl (Schale von
  1 unbehandelten Zitrone
  oder Vanillearoma)
etwas Öl für das Blech

Backofen auf 210 °C vorheizen.

Weiche Butter mit Zucker in einer Schüssel schaumig schlagen.

Eier einzeln, dann Mehl und Aroma nach Wahl zugeben und gut verrühren.

Backblech einfetten und mit Mehl bestreuen. Teig in Streifen verteilen, die in etwa so lang wie ein Finger und so breit wie ein Bleistift sind, dabei die Enden leicht ausstellen. Zwischen den einzelnen Biskuits genügend Abstand lassen.

Im vorgeheizten Ofen 5 Minuten backen.

## Großmutters Geheimnis

**Es gibt inzwischen spezielle Backbleche für Löffelbiskuits. Diese können sehr nützlich sein, wenn Sie öfter Löffelbiskuits machen.**

 *An verregneten Nachmittagen spielten wir in unserer Jugend gerne Dame oder Bingo. Aber am meisten begeisterten uns diese Kekse unserer Großmutter in Form von Damespielsteinen.*

# Damespielsteine mit Rosinen

40 g Korinthen
1 EL Rum
120 g weiche Butter
120 g Zucker
2 große Eier
150 g Mehl
etwas Öl für das Blech

Backofen auf 210 °C vorheizen.

Korinthen einige Stunden im Rum einlegen.

Butter und Zucker in einer Schüssel schaumig schlagen.

Eier einzeln, dann Mehl zufügen. Gut verrühren.

Korinthen in einem Sieb abtropfen lassen und unter die Masse heben.

Backblech einfetten und mit Mehl bestäuben. Mithilfe eines Teelöffels walnussgroße Teighäufchen in regelmäßigen Abständen darauf verteilen.

5–6 Minuten im vorgeheizten Ofen backen.

Wenn die Ränder schön goldbraun werden, sind die Kekse fertig.

## Großmutters Geheimnis

**Wenn Sie Schokoladenfan sind, lassen Sie die Korinthen weg und backen Sie die Kekse pur. Stattdessen 100 Gramm Schokolade im Wasserbad schmelzen und mit 60 Gramm dickflüssiger Crème fraîche verrühren. Nach dem Auskühlen streichen Sie ein wenig Schokocreme auf die Unterseite der Kekse und kleben sie paarweise zusammen.**

 *Macarons sind gefüllte Kekse, die von Katharina von Medici nach ihrer Rückkehr aus Venedig am französischen Königshof eingeführt wurden. Die wohl berühmtesten wurden von zwei Benediktinerinnen hergestellt, die man schnell die „Macarons-Schwestern" nannte.*

# Macarons

150 g Mandeln (gemahlen)
250 g Zucker
1 Päckchen Vanillezucker
4 Eiweiß
etwas Salz
etwas Butter für das Blech

## Großmutters Geheimnis

**Zum Zusammenkleben der Macarons können Sie nach Belieben Buttercreme oder Marmelade, zum Beispiel Himbeerkonfitüre, verwenden.**

Gemahlene Mandeln, Zucker und Vanillezucker in einer Schüssel mischen.

Eiweiß mit einer Prise Salz zu Eischnee schlagen und rasch unter die oben genannte Mischung heben.

Ein Backblech einfetten oder mit Backpapier auslegen und darauf in regelmäßigen Abständen kleine kreisrunde Teighäufchen verteilen.

Etwa 12 Minuten im Ofen bei 190 °C backen.

Macarons sofort nach dem Herausholen aus dem Ofen vom Blech lösen.

Ein paar Minuten auf einem feuchten Blech abkühlen lassen, dann jeweils zwei Stück mit einer Creme oder mit Konfitüre zusammenkleben.

 *Genau wie eine Kokosnuss verbergen diese Makronen unter ihrer goldgelben Oberfläche ein köstliches, saftiges weißes Inneres. Ein Hauch von Exotik in Großmutters Vorratskammer!*

# Kokosmakronen

200 g Zucker
2 Päckchen Vanillezucker
etwas Salz
4 Eiweiß
200 g Kokosraspel
etwas Butter für das Blech

Zucker, Vanillezucker, 1 Prise Salz und ungeschlagenes Eiweiß verrühren.

Mischung im Wasserbad langsam unter stetigem Rühren erhitzen, bis der Zucker geschmolzen ist.

Nach und nach Kokosraspeln in die Masse einrühren.

Mit reichlich Abstand kleine Teighäufchen auf einem mit Backpapier ausgelegten oder eingefetteten Backblech verteilen.

Bei mittlerer Hitze zwischen 120 und 140 °C im Ofen backen, bis die Makronen eine goldbraune Farbe annehmen. Dies dauert etwa 20 Minuten.

## Großmutters Geheimnis

**Nehmen Sie die Makronen nach dem Backen rasch vom Blech, denn später lassen sie sich nur noch schwer ablösen. Auf einem Gitter abkühlen lassen.**

 *Eigentlich handelt es sich dabei um „altbackenes Brot", aber „Arme Ritter" klingt viel schöner. Diese goldbraun ausgebackenen und gezuckerten Brotscheiben zergehen auf der Zunge und beweisen, dass sie viel einnehmender sind als ihr Name es vermuten lässt.*

# Arme Ritter

1 Ei
200 ml Milch
altbackene Scheiben Brot, die Sie
  zu Hause haben
etwas Butter
etwas Zucker

## Großmutters Geheimnis

**Damit das Dessert nicht zu weich wird, ist es wichtig, die Brotscheiben nicht komplett einzutunken.**

Ei mit Milch verquirlen.

Altbackene Brotscheiben kurz in diese Mischung tunken und wieder herausziehen, bevor sie komplett getränkt sind.

Butter in einer Pfanne schmelzen lassen.

Brotscheiben in der Pfanne 2 Minuten von jeder Seite anbraten.

Auf einem Teller anrichten, mit Zucker bestreuen und noch warm servieren.

 *Wie bei den Armen Rittern können Sie für diesen Pudding Brotreste verwenden. Der Pudding ist für jede Köchin eine angenehme Nachspeise, denn man kann ihn gut vorbereiten und dann das Essen ohne Stress zusammen mit der Familie einnehmen.*

# Brotpudding

500 ml Milch
½ Vanilleschote
100 g altbackenes Brot
3 Eier
100 g Zucker
abgeriebene Schale von
   1 unbehandelten Orange
50 g Rosinen
etwas Butter für die Form

Backofen auf 210 °C vorheizen.

Milch mit der aufgeschlitzten Vanilleschote aufkochen, über das Brot gießen und quellen lassen.

Eier, Zucker und Orangenschale zufügen, alles verquirlen und Rosinen untermischen.

Masse in eine gefettete Kastenform gießen.

Im vorgeheizten Ofen 1 Stunde backen.

Pudding nach dem Abkühlen auf eine Servierplatte stürzen.

## Großmutters Geheimnis

**Sie können zu diesem Dessert eine Englische Creme oder einen Fruchtspiegel (in diesem Fall lassen Sie die abgeriebene Orangenschale weg) servieren und die Rosinen durch kandierte Früchte oder getrocknete Pflaumen ersetzen.**

*War es etwa ein „Financier", also ein Mann des Geldes, der das Backen dieser Leckerei empfohlen hatte, weil hier übrig gebliebenes Eiweiß verarbeitet werden konnte, das sonst in der Mülltonne gelandet wäre? In jedem Fall landen die Financiers nicht so schnell in der Mülltonne — sie halten sich auch mehrere Tage.*

# Financiers

200 g Zucker
125 g Mandeln (gemahlen)
50 g Mehl
5 Eiweiß
100 g geschmolzene Butter +
   etwas Butter für die Form
etwas Bittermandelöl

## VARIANTE

*Geben Sie in den Teig 120 Gramm Zucker und 25 Gramm gezuckerte Pistazienpaste, um köstliche Pistazienfinanciers herzustellen. Vergessen Sie aber nicht, in diesem Fall das Bittermandelöl wegzu-lassen.*

Backofen auf 220 °C vorheizen.

Zucker, gemahlene Mandeln, Mehl und ungeschlagenes Eiweiß in einer Schüssel verrühren.

Geschmolzene Butter unter ständigem Rühren zufügen. Mit ein paar Tropfen Bittermandelöl aromatisieren.

Teig in eine eingefettete Financierform, einzelne kleine Financierförmchen oder in eine Springform füllen.

Financiers im vorgeheizten Ofen 12 Minuten backen bzw. ein wenig länger (etwa 5 Minuten), wenn Sie eine normale Springform verwenden (das Ergebnis ist genauso köstlich; es ist dann einfach ein großer Kuchen zum Teilen).

Aus der Form lösen und kalt genießen.

## Großmutters Geheimnis

**Warten Sie mit dem Aufräumen der Financiers, bis sie gut ausgekühlt sind, denn die Wärme würde sich in Feuchtigkeit verwandeln und Ihre Kekse würden an der Platte oder aneinander kleben.**

*Nach einer Tee- oder Kaffeepause bleibt oft eine angebrochene Kekspackung übrig. Ein paar Kekse wurden gegessen, der Rest in einer Schachtel für den nächsten Tag verstaut. Ein Tag nach dem anderen vergeht, die Kekse sind immer noch da, und niemand hat mehr Lust darauf — der perfekte Zeitpunkt, sie als Grundlage für dieses Dessert zu verwenden!*

# Kuchen aus 1000 Keksen

2 Eier
170 g Butter
8 EL Zucker
40–45 Kekse,
am besten Butterkekse
1 Tasse Kaffee
200 g Schokolade

## Großmutters Geheimnis

**Kinder lieben bunte Farben ganz besonders: Verzieren Sie Ihren Kuchen doch mit Schokostreuseln, Streudekor oder Schokolinsen.**

Eier trennen. 120 Gramm kalte Butter, Zucker und Eigelb so lange verkneten, bis eine schaumige Creme entstanden ist. Eiweiß steif schlagen und unter die Creme heben.

Kekse in den lauwarmen Kaffee tunken, jedoch nicht zu lange, damit sie nicht zu weich werden.

In eine Form abwechselnd eine Schicht Kekse und eine Schicht Creme geben, mit einer Schicht Keksen abschließen.

Schokolade in Stücke brechen und in 1 Esslöffel Wasser schmelzen. Vom Herd nehmen, restliche Butter unterrühren und mit dem Teigspatel verrühren, bis eine glatte und glänzende Masse entstanden ist. Den Kuchen damit überziehen.

Kuchen mindestens 4 Stunden im Kühlschrank kalt stellen. Er schmeckt am nächsten Tag sogar noch besser.

 *Dieser luftig-leichte Kuchen ist ein idealer Begleiter zu Cremespeisen, Kompott und Obstsalaten. Unsere Großmutter steckte uns manchmal ein Stück davon in unsere Schultasche, falls wir am Nachmittag ein wenig Hunger bekamen.*

# Fluffig-luftiger Kuchen

7 Eiweiß
abgeriebene Schale von
  1 unbehandelten Zitrone
250 g Zucker
60 g Mehl
75 g Speisestärke
100 g Butter
  + etwas Butter für die Form

Eiweiß zu sehr steifem Eischnee schlagen.

Zitronenschale, Zucker, Mehl und Speisestärke mischen, unter das geschlagene Eiweiß heben und mit dem elektrischen Rührgerät zu einem gleichmäßigen Teig verarbeiten.

Geschmolzene lauwarme Butter zugeben, dabei stetig weiterrühren.

Teig in eine gefettete und mit Mehl bestäubte Springform füllen.

45 Minuten im Ofen bei 190 °C backen.

Noch heiß aus der Form holen und bis zum Servieren abkühlen lassen.

## Großmutters Geheimnis

**Sie können die abgeriebene
Zitronenschale auch durch
Orangenschale ersetzen.**

# Sonntagsdesserts

Der französische Koch Marie-Antoine Carême sagte einst etwas, das für unsere heutigen Ohren ziemlich chauvinistisch klingt: „Das Dessert ist perfekt dafür geeignet, um junge Mädchen, junge Frauen und Kinder bei Familientreffen länger am Tisch zu halten. In diesem Fall verlängert das Dessert auf köstliche Weise die Mahlzeit."

Glücklicherweise war unsere Großmutter verständnisvoll und ließ uns aufstehen, auch ohne die Nachspeise gegessen zu haben. Sie hob uns etwas davon auf, bis unsere Partie Völkerball oder „Mensch ärgere Dich nicht" beendet war.

*Früher wurde praktisch auf jedem Bauernhof Milch erzeugt und verarbeitet. Die Molke war ein Genuss für alle Schleckermäuler … Oder man ließ sich den Käsebruch mit etwas Zucker und Crème fraîche oder mit Kräutern verfeinert schmecken.*

# Käsekuchen

250 g Quark
3 Eier
150 g Zucker
75 g Mehl
  + 1 EL Mehl für die Form
1 Päckchen Backpulver
1 EL Orangenblütenwasser
etwas Salz
etwas Butter für die Form

## Großmutters Geheimnis

**Mit verschiedenen Aromen schmeckt dieses einfach zuzubereitende Dessert immer wieder anders: So können Sie beispielsweise das Orangenblütenwasser durch abgeriebene Zitronenschale ersetzen.**

Quark gegebenenfalls durch ein feines Sieb abtropfen lassen und kurz kräftig verrühren.

Eier trennen. Eigelb, Zucker und Quark in einer Schüssel gut verrühren. Nach und nach Mehl mit Backpulver und Orangenblütenwasser unterrühren.

Backofen auf 200 °C vorheizen.

Eiweiß mit einer Prise Salz steif schlagen und vorsichtig unter die Quarkmasse heben.

Teig in eine gefettete und mit Mehl bestäubte Springform mit hohem Rand füllen.

Kuchen im vorgeheizten Ofen 40 Minuten backen, dabei immer wieder den Gargrad prüfen. Wenn der Kuchen zu schnell braun wird, mit Backpapier abdecken und so vor der Hitze des Ofens schützen.

Vor dem Servieren abkühlen lassen.

 *Lassen Sie sich von der langen Zubereitungszeit dieser Torte nicht abschrecken! Sie gelingt ganz einfach und ist im Frühling ein Hit bei jedem Familientreffen.*

# Erdbeertorte

2 Blatt Gelatine
350 g aromatische Erdbeeren
250 ml Milch
1 ganzes Ei
  + 1 Eigelb
  + 2 kleine Eiweiß
125 g Zucker
25 g Maisstärke
etwas Orangenblütenwasser
2 EL Kirschwasser
250 g Mandeln (gemahlen)
250 g Puderzucker
etwas Bittermandelöl
rote Lebensmittelfarbe
1 Biskuitboden
einige grüne Marzipanblätter

Gelatine in kaltem Wasser quellen lassen. Erdbeeren waschen und putzen.

Milch aufkochen lassen. Ei, Eigelb und 50 Gramm Zucker in einem Topf verquirlen, Maisstärke unterrühren. Kochende Milch unter Rühren zugeben und unter Rühren einkochen lassen. Creme vom Herd nehmen und die Gelatine darin auflösen. 150 Gramm Erdbeeren mit etwas Orangenblütenwasser pürieren und unter die Creme heben.

100 Milliliter Wasser mit 75 Gramm Zucker aufkochen, vom Herd nehmen und Kirschwasser zugeben. Gemahlene Mandeln mit Puderzucker und Bittermandelöl mischen. Nach und nach das ungeschlagene Eiweiß zugeben. Lebensmittelfarbe zufügen und Masse von Hand geschmeidig kneten.

Restliche Erdbeeren in Scheiben schneiden, ein paar ganz lassen und für die Dekoration beiseitelegen. Den seitlichen und oberen Rand des Biskuitbodens entfernen und den Boden in drei gleich dicke Schichten schneiden, mit Zuckersirup beträufeln.

Springform mit hohem Rand mit Backpapier auslegen. Mandelcreme einfüllen. Eine Lage Biskuitboden darüberlegen, mit der Hälfte der Erdbeercreme bestreichen und die Hälfte der Erdbeerscheiben darauf verteilen. Die zweite Lage Biskuitboden darüberlegen, mit der Creme bestreichen und Erdbeeren darauf verteilen. Mit der letzten Lage Biskuitboden abschließen, festdrücken und mit einem Teller beschweren.

12 Stunden im Kühlschrank kalt stellen. Vorsichtig aus der Form holen und mit ganzen Erdbeeren und Marzipanblättern garnieren.

 *Nachdem sie den Kuchen ausgeteilt hatte, wartete unsere Großmutter gespannt auf erste Anzeichen von Überraschung, ja von Begeisterung, die dieser absolut einzigartige Schokoladenkuchen hervorrief. Ein Traum für alle Naschkatzen: außen knusprig, innen herrlich cremig.*

# Schokoladentraum

150 ml Milch
250 g Zartbitterschokolade
150 g Butter
  + etwas Butter für die Form
4 Eier
250 g Zucker
  + 1 EL Zucker für die Form
125 g Mehl
etwas Salz

## VARIANTE

*Wenn Walnüsse gerade Saison haben, heben Sie 125 Gramm geschälte und gehackte Walnüsse unter die Butter-Schokoladen-Masse und fahren Sie dann wie im Rezept beschrieben fort, verwenden Sie aber nur 125 Gramm Butter und 100 Gramm Mehl.*

In einem Topf Milch erwärmen und darin bei ganz niedriger Hitze die in Stücke gebrochene Schokolade schmelzen. Vom Herd nehmen und zu einer glatten, glänzenden Masse verrühren. Weiche Butter sorgfältig unterrühren. Abkühlen lassen.

Backofen auf 160 °C vorheizen.

Eier trennen. Eigelb mit Zucker schaumig schlagen und unter die Schokoladenmasse heben.

Mehl unter stetigem Rühren zugeben und darauf achten, dass sich keine Klümpchen bilden.

Eiweiß mit einer Prise Salz sehr steif schlagen und unter den Schokoladenteig heben.

Form gut fetten, mit Zucker bestreuen und durch Umdrehen den überschüssigen Zucker entfernen. Teig einfüllen und 40 Minuten im vorgeheizten Ofen backen. Die Ofentür muss die ersten 30 Minuten verschlossen bleiben.

### Großmutters Geheimnis

**Lassen Sie die Schokolade ganz vorsichtig schmelzen, damit sie ihr Aroma und ihren Glanz behält. Zu schnelles Erhitzen macht Schokolade bitter. Sie schmilzt schneller, wenn sie in ganz kleine Stücke gebrochen oder gerieben wurde. Erst umrühren, wenn alle Stücke geschmolzen sind.**

*Dieser Kuchen mit Ananas — die aufgrund ihrer Ähnlichkeit mit Pinienzapfen von den Spaniern „pina" und von den Engländern „pineapple" genannt wird — verbreitet zum Abschluss eines Sonntagsessens einen exotischen Duft, dem sich niemand entziehen kann …*

# Karamellisierter Ananaskuchen

3 Eier
150 g Zucker
1 Päckchen Vanillezucker
90 g Butter (geschmolzen)
   + etwas Butter für die Form
½ Päckchen Backpulver
200 g Mehl
etwas Salz
16 Stück Würfelzucker
1 Dose Ananas im eigenen Saft

## Großmutters Geheimnis

**Benutzen Sie keinen Teigspatel, um den Karamell zu verstreichen, sondern kippen Sie einfach die Form. Statt der Ananasscheiben können Sie auch Aprikosen- oder Pfirsichhälften verwenden.**

Backofen auf 210 °C vorheizen.

Eier trennen. Eigelb mit Zucker und Vanillezucker schaumig rühren. Geschmolzene Butter und das mit Backpulver vermischte Mehl unterrühren.

Eiweiß mit einer Prise Salz sehr steif schlagen und unter die Masse heben.

Springform einfetten. Würfelzucker mit 3 Esslöffeln Wasser in der Springform bei mittlerer Hitze erwärmen und schmelzen. Sobald der Zucker eine goldbraune Farbe annimmt, vom Herd nehmen und die Form so kippen, dass sich der Karamell überall darin verteilt.

Ananasscheiben abtropfen lassen und auf dem Boden der Form verteilen. Teig darüber gießen.

Im vorgeheizten Ofen 30 Minuten backen.

Direkt nach dem Backen stürzen und in der Form etwa 20 Minuten abkühlen lassen, damit sich der Karamell gut über dem Kuchen verteilt.

 *Anders als der Name vermuten lässt, habe ich dieses Rezept aus dem Senegal. Es stammt von „Tante Jaja", meiner Adoptivtante, die mich davon probieren ließ, als ich bei ihr zu Besuch in M'Bao war. Ich habe es wegen der typischen Aromen der Karibik — Vanille, Rum … — Antillenkuchen getauft.*

# Antillenkuchen

200 g Mehl
25 g Zucker
1 Prise Salz
100 g Butter
3 Eier
50 g brauner Zucker
250 g Sahne
1 EL Rum
etwas Vanillearoma
5 Scheiben Ananas
2 Bananen

### Großmutters Geheimnis

**Damit die karibische Note noch mehr hervorgehoben wird, können Sie vor dem Backen 1 Esslöffel Kokosraspel über den Kuchen streuen.**

Mehl, Zucker und Salz in einer Schüssel verrühren. Weiche Butter in Stücken zugeben und alles gut mit den Händen verkneten. 50 Milliliter Wasser zugießen, rasch eine Kugel formen und Teig in Frischhaltefolie gewickelt 1 Stunde kalt stellen.

Backofen auf 180 °C vorheizen.

Teig aus dem Kühlschrank holen und auf einer mit Mehl bestäubten Arbeitsfläche ausrollen. In eine gebutterte runde Tarteform legen und mit einer Gabel kleine Löcher in den Boden stechen.

In einer Schüssel Eier mit braunem Zucker, Sahne, Rum und einigen Tropfen Vanillearoma verrühren.

Die halbierten oder geviertelten Ananasscheiben und die in Scheiben geschnittenen Bananen auf dem Kuchenboden verteilen.

Eiermasse darüber gießen.

Im vorgeheizten Ofen 40 Minuten backen.

*Dieser Biskuitkuchen eignet sich perfekt, wenn spontan viele Gäste kommen. Je nach Jahreszeit können Sie dazu ein Kompott aus Gartenfrüchten servieren, Johannisbeerkonfitüre dazu reichen oder ihn mit einer Butter-Kaffee-Creme füllen.*

# Savoyer Biskuitkuchen

5 Eier
200 g Zucker
  + 1 EL Zucker für die Form
50 g Mehl
70 g Speisestärke
etwas Salz
etwas Butter für die Form

## Großmutters Geheimnis

**Dieser Kuchen bietet viele Kombinationsmöglichkeiten. Er wird besonders leicht, wenn Sie das Mehl durch Stärke ersetzen. Sehr gehaltvoll – aber nicht ganz so fluffig – wird er, wenn Sie ihn nur mit Weizenmehl backen.**

Eier trennen. Eigelb gut 10 Minuten mit Zucker schaumig schlagen. Mehl und Stärke unter Rühren zufügen.

Backofen auf 180 °C vorheizen.

Eiweiß mit einer Prise Salz sehr steif schlagen. Ein Viertel des Eischnees unter den Teig heben und ein wenig schlagen, um es aufzulockern.

Vorsichtig das restliche Eiweiß vorsichtig unter den Teig ziehen, damit es nicht zerfällt.

Biskuit- oder Charlottenform gut einfetten und leicht mit Zucker bestreuen, durch Umdrehen den überschüssigen Zucker entfernen. Teig in die Form füllen und 40–45 Minuten im vorgeheizten Ofen backen. Während der ersten 30 Minuten sollte die Ofentür nicht geöffnet werden.

Der Kuchen ist fertig, wenn er gut aufgegangen ist und eine schöne goldbraune Farbe hat. Er muss dem Druck mit dem Finger standhalten, und bei der Messerprobe muss die Klinge wieder trocken herauskommen.

Kuchen vorsichtig aus der Form nehmen und auf einem Gitter abkühlen lassen. Die Kruste, die sich gebildet hat, ist herrlich süß.

*Dieses Soufflé, das unmittelbar nach dem Backen serviert werden sollte, geht herrlich auf und bekommt eine tolle Farbe. Es ist ein echter Genuss, wenn man seinen Löffel in das zart schmelzende Dessert taucht.*

# Schokoladensoufflé

etwas Butter für die Förmchen
125 g Zucker
  + 1 EL Zucker für die Förmchen
5 Eier + 1 Eiweiß
2 gestrichene EL Maisstärke
250 ml Milch
1 Päckchen Vanillezucker
1 EL Calvados oder Armagnac
200 g Zartbitterschokolade
etwas Salz

## Großmutters Geheimnis

**Auch wenn es Sie reizt: Öffnen Sie keinesfalls den Ofen vor Ende der Backzeit, sonst sinkt die Temperatur und das Soufflé fällt in sich zusammen. Es ist fertig, wenn es schön aufgegangen ist und sich in der Mitte ganz leichte Risse bilden. Verlassen Sie sich auf Ihr Auge und stechen Sie nicht mit einer Messerspitze hinein ... sonst fällt es sofort in sich zusammen!**

1 große Souffléform oder 8 kleine Souffléförmchen einfetten (2 bis 3 mittelgroße Souffléförmchen gelingen meist besser als ein einziges großes Soufflé). Im Inneren mit Zucker bestreuen und durch Umdrehen den überschüssigen Zucker entfernen. Formen kalt stellen.

Zucker und Eigelb in einer Schüssel schaumig schlagen. Stärke unterrühren.

Milch mit Vanillezucker aufkochen, vom Herd nehmen und zur Eigelbmasse gießen, dabei gut rühren.

Erneut bei schwacher Hitze unter ständigem Rühren erwärmen, damit die Masse eindickt. In eine Schüssel geben, mit Alkohol abschmecken und abkühlen lassen.

Backofen auf 200 °C vorheizen.

Schokolade in Stücke brechen und mit 4 Esslöffeln Wasser im Wasserbad schmelzen.

Eiweiß mit einer Prise Salz sehr steif schlagen. Hälfte des Eischnees vorsichtig unter die geschmolzene Schokolade heben. Mischung zur Eigelbmasse geben und mit restlichem Eiweiß unterheben.

Förmchen zu zwei Dritteln mit Teig füllen. Teig mit einer Messerspitze von der Form lösen, hierzu am seitlichen Rand entlangfahren.

Soufflé im vorgeheizten Ofen 20–25 Minuten backen, bis es schön aufgegangen ist. Sofort servieren.

 *Ein Soufflé lässt man nicht warten! Als Gastgeberin können Sie alles vorbereiten und sich während des Essens kurz entschuldigen, das Eiweiß steif schlagen und das Dessert in den Ofen stellen. Wenn das Soufflé fertig ist, setzten Sie sich ganz entspannt wieder zu den Gästen.*

# Soufflé mit Orangenlikör

250 ml Milch
1 Vanilleschote
2 Löffelbiskuits
40 ml Orangenlikör (Grand Marnier)
5 Eier + 1 Eiweiß
30 g Butter
  + etwas Butter für die Form
1 EL Mehl
100 g Zucker
  + 1 EL Zucker für die Form
etwas Salz
etwas Puderzucker

### Großmutters Geheimnis

**Das zusätzliche Eiweiß muss nicht unbedingt verwendet werden, aber der Teig wird dadurch leichter und luftiger.**

Milch mit aufgeschlitzter Vanilleschote erhitzen und im Topf ziehen lassen.

Löffelbiskuits mit etwas Orangenlikör beträufeln und in 3 Stücke schneiden.

Backofen auf 200 °C vorheizen.

Eier trennen.

Butter in einem Topf zum Schmelzen bringen, Mehl zufügen und 1 Minute unter ständigem Rühren aufkochen lassen. Milch vorsichtig unterrühren und 2 Minuten unter ständigem Rühren aufkochen. Vom Herd nehmen, Zucker, Eigelb und Orangenlikör zufügen.

Souffléform gut einfetten und mit Zucker bestreuen. Form umdrehen und leicht auf den Boden der Form klopfen, um den überschüssigen Zucker zu entfernen.

Eiweiß mit einer Prise Salz sehr steif schlagen und vorsichtig unter die Eiermasse heben.

Form zu einem Drittel mit Teig füllen, die mit Alkohol getränkten Biskuitstücke darauf verteilen und den restlichen Teig darübergeben, bis die Form zu zwei Dritteln gefüllt ist.

Im vorgeheizten Ofen 20–25 Minuten backen, herausnehmen, mit Puderzucker bestäuben und sofort servieren.

 *Als Kinder liebten wir es, diese köstlichen weißen Inseln, die in einem Meer aus Englischer Creme trieben, zu verspeisen. Mit unserem Löffel schoben wir sie hin und her … dann konnten wir uns nicht mehr beherrschen und stürzten uns auf diese zart schmelzenden und zugleich karamellig-knusprigen Schiffe mit ihrer süßen Creme.*

# Schneebälle in Englischer Creme

200 g Würfelzucker (ca. 40 Stück)
etwas Zitronensaft
750 ml Milch
1 Vanilleschote
6 Eier
80 g Zucker
  + 1 EL Zucker für den Eischnee
1 Handvoll Mandelplättchen
  (geröstet)

## Großmutters Geheimnis

**Bereiten Sie den Karamell früh genug vor, damit er beim Übergießen nur noch lauwarm ist. Wenn er zu heiß ist, verbrennt das Eiweiß.**

In einem Topf bei starker Hitze einen Karamell aus Würfelzucker, 4 Esslöffeln Wasser und ein paar Spritzern Zitronensaft zubereiten. Wenn der Karamell goldbraun ist, Topf vom Herd nehmen, 100 Milliliter Wasser hineingießen und erneut 1 Minute erhitzen. Abkühlen lassen.

500 Milliliter Milch mit aufgeschlitzter Vanilleschote aufkochen.

Eier trennen, dabei das Eiweiß von 5 Eiern in einer Schüssel beiseitestellen. Eigelb von allen Eiern mit 80 Gramm Zucker schaumig schlagen. Heiße Milch unterrühren, bei schwacher Hitze Masse erwärmen. Ständig weiterrühren, bis die Creme sämig wird. Kurz vor dem Aufkochen Creme vom Herd nehmen und abkühlen lassen.

Pochierflüssigkeit aus 250 Milliliter Milch und 500 Milliliter Wasser in einer Pfanne erhitzen. Eiweiß mit 1 Esslöffel Zucker sehr steif schlagen.

Mit einem in kaltes Wasser getauchten Esslöffel oder einem Eiskugelportionierer kleine Kugeln ausstechen und 3 Minuten von jeder Seite in der nur siedenden Flüssigkeit – sie darf nicht kochen! – pochieren.

Eiweißkugeln sorgfältig auf einem sauberen Tuch oder auf Küchenpapier abtropfen lassen. Dank diesem Abtropfvorgang fallen die Schneebälle später nicht auseinander.

Englische Creme in Dessertschälchen anrichten. Schneebälle darauf verteilen und mit Karamell übergießen. Mit gerösteten Mandeln bestreuen.

 *Unsere Großmutter hatte eine Vielzahl an Tricks parat und schaffte es immer wieder, uns damit zu überraschen. Dieser Kuchen in einer Tarteform sieht ganz gewöhnlich aus, erinnert aber durch sein einzigartiges Aroma in wundervoller Weise an die bretonische Gischt. Er ist unglaublich weich und verzaubert einfach jeden!*

# Schokokuchen mit gesalzener Butter

200 g Zartbitterschokolade
150 g gesalzene Butter
  + etwas Butter für die Form
150 g Zucker
50 g Mehl
3 Eier

Backofen auf 180 °C vorheizen.

Schokolade in Stücke brechen und im Wasserbad mit 3 Esslöffeln Wasser schmelzen.

Weiche Butter mit Zucker in einer Schüssel schaumig rühren.

Mehl und Eier einzeln unter kräftigem Rühren zugeben, geschmolzene Schokolade unterrühren.

Teig in eine gebutterte Tarteform füllen und 20 Minuten im vorgeheizten Ofen backen. Etwas abkühlen lassen und aus der Form stürzen.

## Großmutters Geheimnis

**Sie können statt der Zartbitterschokolade auch Backschokolade mit Karamell verwenden.**

*Wenn eine Mousse au chocolat auf den Tisch kommt, werden bei unserer gesamten Familie Kindheitserinnerungen wach. Die großzügige, liebevolle Stimmung, die von einer Mousse ausströmt, entsteht wahrscheinlich durch das Aufteilen dieser wohl-schmeckenden Schokomasse, ohne dabei auf exakte Portionsgrößen zu achten.*

# Mousse au chocolat

300 g kräftige Zartbitterschokolade
120 g Butter
70 g feiner Zucker
7 ganz frische Eier
etwas Salz

## Großmutters Geheimnis

**Wenn Sie Kaffee mögen, können Sie 1 Löffel löslichen Kaffee zur Schokolade geben und die Mousse kurz vor dem Servieren mit ein paar Kaffeebohnen garnieren.**

Bei sehr niedriger Hitze die in Stücke gebrochene Schokolade mit 3 Esslöffeln Wasser in einem kleinen Topf schmelzen. Vom Herd nehmen und zu einer glatten, glänzenden Masse verrühren. Weiche Butter und Zucker unterrühren. Die Masse darf keine Klümpchen enthalten.

Eier trennen.

Eigelb zur Schokolade geben und unterrühren.

Eiweiß mit einer Prise Salz in einer Schüssel sehr steif schlagen und unter die Schokomasse heben.

Mousse in eine große Schale füllen und mindestens 3 Stunden vor dem Servieren kalt stellen.

*Was für eine Freude, wenn als Abschluss eines reichhaltigen Essens die kleinen Schälchen gefüllt mit einer Art hellgelb schimmerndem Schnee auf den Tisch kommen und einen köstlichen und wohlschmeckenden Genuss erahnen lassen! Schon beim ersten Löffel zergeht die Mousse auf der Zunge und die Zitrone begeistert mit ihrem frischen Aroma.*

# Zitronenmousse

2 unbehandelte Zitronen
1 gestrichener EL Maisstärke
3 Eier
3 EL Zucker

Schön saftige Zitronen auswählen, waschen, auspressen, dabei den Saft in einem Topf auffangen. Schale von den Zitronen abreiben und zum Saft geben.

Maisstärke im Zitronensaft sorgfältig auflösen. Eier trennen. Eigelb und Hälfte des Zuckers einrühren.

Kräftig verrühren und bei schwacher Hitze unter ständigem Rühren eindicken. Abkühlen lassen.

Eiweiß mit dem restlichen Zucker steif schlagen und unter die Creme heben.

Mousse auf Dessertschälchen verteilen und für ein paar Stunden kalt stellen. Schön kalt servieren.

## Großmutters Geheimnis

**Wenn Sie lieber eine köstliche Orangenmousse zubereiten möchten, gehen Sie ganz genauso vor und ersetzen Sie die Zitronen durch 2 Orangen. Verwenden Sie etwas mehr Maisstärke (eher 1 gehäufter statt 1 gestrichener Esslöffel). Sie können auch 1 Esslöffel Cointreau oder Grand Marnier zugeben.**

 *Ein frisches Dessert, das wunderbar an einem heißen Sommertag im Schatten eines Baumes schmeckt. Mangos, Erdbeeren, Kiwis, Himbeeren und viele andere Früchte passen perfekt zu diesem duftig-leichten Dessert.*

# Quarkmousse mit Himbeerpüree

250 g Quark
250 g Crème fraîche
3 Eiweiß
1 Prise Salz
150 g Zucker
300 g Himbeeren (frisch oder
   tiefgekühlt)
Saft von 1 Zitrone
Früchte und Kräuter nach
   Belieben für die Garnitur

## Großmutters Geheimnis

**Für das Püree können Sie auch andere rote Früchte wie Erdbeeren oder auch Mango verwenden. Der Zuckeranteil sollte dann etwas reduziert werden.
Noch einfacher geht es, wenn Sie diese Mousse in Dessertgläsern oder Glasschälchen servieren. Geben Sie ein wenig Fruchtpüree auf den Boden und verteilen Sie die Quarkmasse darüber, bevor Sie das Ganze kalt stellen.**

Quark mit Crème fraîche 5 Minuten zu einer glatten Masse verrühren.

Eiweiß mit einer Prise Salz steif schlagen. Wenn der Eischnee fest wird, 100 Gramm Zucker unterrühren und so lange weiter schlagen, bis der Eischnee schön steif ist.

Eiweiß vorsichtig unter die Quarkmasse ziehen.

Mousse in kleine Ton- oder Porzellanschälchen füllen und mindestens 2–3 Stunden kalt stellen.

Himbeeren, restlichen Zucker und Zitronensaft mit 50 Milliliter Wasser pürieren.

Himbeerpüree durch ein feines Sieb drücken, sodass die Kerne zurückbleiben.

Kurz vor dem Servieren Mousse auf Dessertteller stürzen. Dabei mit einem Messer am Rand entlangfahren, damit sie sich leichter löst.

Himbeerpüree um die Mousse herum verteilen. Mit Kiwischeiben, Erdbeeren, Johannisbeeren, Minzblättern etc. garnieren und schön kalt servieren.

 *Mit seinem prunkvollen Namen thronte der „Diplomat" so manches Mal sonntags bei uns zu Hause auf dem Tisch und wohnte verschiedensten Ereignissen bei. Als Kinder und Jugendliche waren wir stolz, dabei sein und diesen Kuchen teilen zu dürfen, der sonst ausschließlich den Erwachsenen vorbehalten war.*

# Diplomatenpudding

100 g kandierte Früchte
4 EL Kirschwasser
1 l Milch
5 Eier + 3 Eigelb
40 g Zucker
  + 2 gehäufte EL Zucker für die
  Creme
25 Löffelbiskuits
½ Vanilleschote

## Großmutters Geheimnis

**Gießen Sie die Milchmasse ganz langsam über die Löffelbiskuits, damit diese Zeit haben, sie aufzusaugen und aufzuquellen. So erhalten Sie einen ganz weichen Pudding und verhindern, dass die Biskuits beim Backen nach oben kommen.**

Backofen auf 200 °C vorheizen.

Kandierte Früchte in kleine Würfel schneiden und in der Hälfte des Kirschwassers einlegen.

750 Milliliter Milch in einem Topf aufkochen. 5 Eier mit Zucker verquirlen, zur kochenden Milch geben und gut verrühren.

Boden einer Charlotten- oder Puddingform mit Backpapier auslegen und die kandierten Früchte darauf verteilen.

Form am Boden und seitlich mit ausreichend Löffelbiskuits, die in 3 oder 4 Stücke geschnitten wurden, auslegen. Vorsichtig ein wenig von der Milchmasse über die Löffelbiskuits gießen, damit diese die Flüssigkeit allmählich aufnehmen, den Rest der Löffelbiskuits und der Masse in der Form verteilen. Eine knappe Stunde im vorgeheizten Ofen im Wasserbad backen.

Währenddessen restliche Milch mit Vanilleschote aufkochen. In einer Schüssel Eigelb mit 2 Esslöffeln Zucker verquirlen. Kochende Milch zugießen und erneut auf den Herd stellen, dabei ständig mit einem Holzlöffel weiterrühren. Vom Herd nehmen, sobald die Creme sämig ist. Sie darf nicht aufkochen, sonst würde sie gerinnen. Lauwarme Creme mit dem restlichen Kirschwasser abschmecken.

Diplomatenpudding aus dem Ofen nehmen. Zunächst bei Zimmertemperatur, dann im Kühlschrank abkühlen lassen. Aus der Form stürzen, wenn er ganz kalt ist, und die Englische Creme außen herum verteilen.

*„Außergewöhnlich und wirklich lecker!" — Bei unseren Nachbarn machte ein besonders leckeres Rezept die Runde. Der Teig mit seiner krümeligen Konsistenz kommt ursprünglich aus England und passt zu sämtlichen Fruchtsorten. Dieser Kuchen ist ein echter Erfolgsgarant!*

# Crumble mit Äpfeln und roten Früchten

200 g Mehl
200 g Zucker
  + 20 g Zucker
100 g Butter
  + etwas Butter für die Form
etwas Zimt
6 Äpfel
250 g gemischte rote Früchte
  (frisch oder tiefgekühlt)

Backofen auf 180 °C vorheizen.

Mehl, 200 Gramm Zucker, weiche Butter und eine Prise Zimt mit den Händen verkneten, bis ein krümeliger Teig entsteht.

Äpfel schälen, vom Kerngehäuse befreien und in kleine Würfel schneiden.

In einer großen eingefetteten Auflaufform verteilen, die roten Früchte darübergeben.

Mit restlichem Zucker bestreuen.

Teig gleichmäßig darüber verteilen und mit den Händen leicht andrücken.

40 Minuten im vorgeheizten Ofen backen.

Lauwarm servieren.

## Großmutters Geheimnis

**Statt der roten Früchte können Sie auch eine in Scheiben geschnittene Banane verwenden. Anstatt dem Zucker lösen Sie in diesem Fall 1 Esslöffel Honig in 1 Esslöffel Orangenblütenwasser auf und gießen Sie es über die Früchte. Sie können aber auch eine Orangenschale über die Äpfel und in den Crumbleteig reiben. Oder ersetzen Sie die Äpfel durch Birnen und mischen Sie ein paar Schokotropfen unter.**

# Festliche Desserts

Ob Weihnachten oder Ostern — es gibt zahlreiche festliche Gelegenheiten, die den Abschied des Winters und das Wiedererwachen der Natur zum Thema haben.

Wir warteten als Kinder wochenlang gespannt auf Heiligabend und erlebten ihn als etwas ganz Besonderes — die Stimmung war magisch, alles leuchtete und glänzte, unsere Kinderaugen strahlten und wir waren voller Erwartung auf unsere Geschenke.

In der „vergnüglichen" Zeit zwischen Dreikönigstag und Aschermittwoch freuten wir uns auf festliche Anlässe wie Mariä Lichtmess am 2. Februar, wenn bei uns traditionell Crêpes gegessen wurden.

An Ostern konnten wir es dann kaum erwarten, uns auf die Suche nach den im Garten versteckten Eiern zu machen und waren glücklich, wenn wir diese endlich im Morgentau entdeckten.

 *Diese kleinen Leckereien sind einfach zuzubereiten, eine süße Bereicherung für jede weihnachtliche Kaffeetafel oder für ein festliches Büfett und außerdem eine tolle Geschenkidee.*

# Mini-Weihnachtsbaumstämme

200 g Löffelbiskuits
250 g Zartbitterschokolade
200 g Butter
3 Eigelb
150 g Puderzucker
150 g Mandeln (gemahlen)
2 EL Kaffeeextrakt
4 EL Kakao

Löffelbiskuits im Mixer zerkleinern.

Schokolade im Wasserbad in 1 Esslöffel Wasser schmelzen. Vom Herd nehmen, weiche Butter unterrühren. Wenn die Masse glatt ist und schön glänzt, Eigelb mit Puderzucker, Mandeln, Löffelbiskuits und Kaffeeextrakt unterrühren. 2 Stunden kalt stellen.

Wenn die Masse fest geworden ist, Kakao in einen Teller geben. Weihnachtsbaumstämme von Hand rollen und im Kakao wälzen.

Vor dem Servieren erneut 1 Stunde kalt stellen.

## Großmutters Geheimnis

**Beim Dekorieren können Sie Ihrer Fantasie freien Lauf lassen: Puderzucker, Schokoladenstreusel, Kaffeebohnen, weihnachtliches Zuckerdekor …**

 *An Heiligabend war die Stimmung magisch, alles leuchtete und glänzte, Kinderaugen strahlten und man wartete ungeduldig ... Dieses Gebäck ist traditionell der Abschluss eines französischen Weihnachtsessens. Es steht symbolisch für den früheren Brauch, geweihte Holzscheite an Weihnachten im Kamin zu verbrennen.*

# Weihnachtsbaumstamm mit Buttercreme

250 ml Milch
2 EL Instantkaffeepulver
2 Eigelb
100 g + 1 gehäufter EL Zucker
50 g + 1 EL Mehl
50 g + 1 EL Maisstärke
200 g Butter
etwas Öl für die Form
4 Eier
etwas Vanillearoma
etwas Salz
150 g Zartbitterschokolade

## Großmutters Geheimnis

**Alles ist Geschmackssache! Wenn Sie keinen Kaffee mögen, machen Sie eine Creme aus Vanillearoma, ein paar Tropfen Likör oder Schokolade. Wenn Sie keine Schokolade mögen, bereiten Sie etwas mehr Buttercreme zu und verwenden Sie einen Teil davon als Glasur.**

Milch mit Kaffeepulver aufkochen. In einer Schüssel Eigelb und 1 EL Zucker verrühren, mit 1 Esslöffel Mehl und 1 Esslöffel Maisstärke verquirlen. Kochende Milch zur Masse geben, erneut auf den Herd stellen und weiterrühren. Aufkochen lassen und vom Herd nehmen. Abgekühlte Creme mit 150 Gramm weicher Butter in eine Schüssel geben und einige Minuten mit dem elektrischen Handrührgerät verquirlen.

Rechteckige Kuchenform bzw. Backblech einfetten oder mit Backpapier auslegen. Backofen auf 210 °C vorheizen.

Eier trennen. Eigelb mit 100 Gramm Zucker schaumig schlagen. 50 Gramm Mehl mit 50 Gramm Maisstärke und einigen Tropfen Vanillearoma mischen, unter die Eigelb-Zucker-Masse heben.

Eiweiß mit einer Prise Salz sehr steif schlagen und unter den Teig heben. Masse in die Form gießen und gleichmäßig verstreichen. Im vorgeheizten Ofen 7 Minuten backen. Ein sauberes, feuchtes Geschirrtuch bereithalten.

Form mit dem fertigen Kuchen auf das feuchte Tuch stürzen, Backpapier abziehen, Kuchen in das Tuch rollen und abkühlen lassen. Entrollen und mit der Creme bestreichen, erneut sehr eng aufrollen. Mit einem scharfen Messer die Enden gerade abschneiden.

Schokolade mit einem Esslöffel Wasser im Wasserbad schmelzen. Vom Herd nehmen und restliche Butter in Stücken zugeben. Zu einer glatten Masse verrühren und den Kuchen damit verzieren.

 *Dieses Dessert ist schneller zubereitet als die klassische Variante, aber trotzdem jedes Mal ein großer Erfolg. In Frankreich werden die Maronen im Herbst in kleinen Gläsern eingemacht — als Vorbereitung aufs Weihnachtsfest.*

# Weihnachtsbaumstamm mit Maronen

1 kg Maronen (Esskastanien, frisch
   oder eingelegt)
200 g Zartbitterschokolade
125 weiche Butter
100 g Puderzucker
   + 1 EL Puderzucker zum
   Bestäuben

## Großmutters Geheimnis
**Noch schneller geht es, wenn Sie
1 Dose ganze Maronen im eigenen
Saft verwenden.**

Maronenschale einritzen, im sprudelnden Wasser kochen, Schale und Haut entfernen. Mit einer Gabel zerdrücken und beiseitestellen.

Schokolade in Stücke brechen und in einem Topf im Wasserbad mit 1 Esslöffel Wasser schmelzen. So lange rühren, bis eine glatte und glänzende Masse entstanden ist.

Vom Herd nehmen. Sehr weiche Butter mit Puderzucker und Maronen unterrühren.

Teig zu einer glatten Masse verkneten.

Teig auf ein Stück Alufolie streichen und in Form eines Baumstamms aufrollen. Zunächst 2 Stunden im Kühlschrank, dann 30 Minuten im Gefrierschrank kalt stellen.

Alufolie vom Baumstamm entfernen und ihn auf einer Kuchenplatte anrichten. Mit den Zacken einer Gabel Rillen einritzen, um die Struktur der Rinde nachzuempfinden. Mit Puderzucker bestäuben.

 *Unsere Großmutter liebte es, zur Weihnachtszeit einen Savarin zu backen. Dieser Kuchen wurde Anfang des 19. Jahrhunderts von einem italienischen Konditormeister erfunden. Großmutter füllte ihn in der Mitte mit Sahne, Vanillecreme oder eingelegten Früchten und dekorierte ihn mit Stechpalmenzweigen.*

# Savarin

1 Päckchen Trockenhefe
250 g Mehl
3 Eier
275 g Zucker
1 gestrichener TL Salz
85 g geschmolzene Butter
  + etwas Butter für die Form
Aroma nach Belieben
  (½ Vanilleschote oder
  abgeriebene Schale von
  1 unbehandelten Zitrone
  bzw. Orange)
100 ml Rum oder Kirschwasser

### Großmutters Geheimnis

**Um den Kuchen perfekt zu tränken, ist ein großer Temperaturunterschied ganz wichtig. Gießen Sie kochenden Sirup über den kalten Kuchen, oder aber eiskalten Sirup über einen Kuchen, der gerade aus dem Ofen kommt. In beiden Fällen fangen Sie den heruntergelaufenen Saft immer wieder auf und gießen ihn erneut über den Kuchen, bis dieser komplett durchtränkt ist.**

Hefe in 4 Esslöffeln lauwarmem Wasser auflösen.

Mehl in eine Schüssel geben, in der Mitte eine Vertiefung eindrücken. Nacheinander Hefe und Eier hineingeben. Beides vermengen, ohne das Mehl mit einzukneten. 25 Gramm Zucker und Salz zufügen. Alles miteinander verkneten, dabei die Hefe nach und nach aus der Mulde hinzunehmen.

Teig von Hand so lange kneten, bis er sich von der Arbeitsfläche löst. 4 Esslöffel Wasser zufügen und verkneten.

Teig einschneiden und geschmolzene Butter in den Schlitz geben. Erneut verkneten.

Kranz- oder Gugelhupfform einfetten und zu einem Drittel mit Teig füllen.

Teig eine gute Stunde bei Zimmertemperatur gehen lassen. Backofen auf 200 °C vorheizen. Wenn der Teig bis an den Rand der Form aufgegangen ist, im vorgeheizten Ofen etwa 25 Minuten backen. Noch heiß aus der Form nehmen und abkühlen lassen.

500 Milliliter Wasser, 250 Gramm Zucker und gewünschtes Aroma aufkochen, bis es eindickt. Alkohol zufügen.

Savarin auf einer Kuchenplatte anrichten. Sehr heißen Sirup mehrmals darüber gießen, um den Kuchen gut zu durchtränken. Nach Belieben Kuchen in der Mitte auseinanderschneiden und mit Sahne, Vanillecreme oder Früchten füllen.

 *Dieses unglaublich cremige Dessert verdankt den adelig anmutenden Namen seiner Raffinesse. Es schmeckt einfach köstlich zu Dachziegelplätzchen oder Financiers, die Sie aus dem übrig gebliebenen Eiweiß zubereiten können.*

# Marquise mit Schokolade

200 ml Milch
1 Päckchen Vanillezucker
3 Eigelb
30 g Zucker
300 g Schokolade
200 g Butter
etwas Öl für die Form

## Großmutters Geheimnis

**Um diesem Dessert eine leichte Kaffeenote zu verleihen, geben Sie 1 Esslöffel Instantkaffee in die Milch. Oder Sie schmecken es mit Alkohol ab und geben 2 Esslöffel Kirschwasser zu der Schokoladen-Butter-Masse.**

Milch mit Vanillezucker aufkochen.

Eigelb mit Zucker in einer Schüssel schaumig schlagen. Die sehr heiße Milch unter stetigem Rühren zugeben.

Topf erneut auf den Herd stellen und bei schwacher Hitze rühren, bis die Masse gut gebunden ist. Kurz vor dem Aufkochen vom Herd nehmen und noch etwas weiterrühren, damit sie abkühlt.

In einem anderen Topf Schokolade langsam mit 3 Esslöffeln Wasser schmelzen. Mit einem Holzlöffel so lange rühren, bis die Masse ganz glatt und klümpchenfrei ist.

Vom Herd nehmen und die in Stücke geschnittene Butter zufügen.

Sie können die Schokolade und die Butter auch in der Mikrowelle schmelzen. Hierzu beides in Stücke schneiden, 2 Esslöffel Wasser zufügen und 2 Minuten bei 750 Watt schmelzen. Aus der Mikrowelle nehmen und zu einer glatten Masse verrühren.

Die vorher zubereitete Creme zur Schokoladenmasse geben und 10 Minuten mit dem elektrischen Rührgerät (oder in einer Küchenmaschine) verrühren.

Charlottenform einfetten oder mit Backpapier auslegen und Schokoladenmasse hineinfüllen.

Mindestens 4 Stunden kalt stellen, aus der Form stürzen und mit einer Englischen Vanillecreme servieren.

 *Mit Schokolade lassen sich viele Desserts dekorieren: in Form von Schokoraspeln, Kakaopulver, bunten Streuseln oder aber auf etwas elegantere Weise, wie hier gezeigt. Warten Sie mit dem Dekorieren jedoch immer, bis das Dessert gut abgekühlt ist!*

# Schokoladendekor

Zartbitterschokolade

## Großmutters Geheimnis

**Wenn Sie die Blätter um ein Nudelholz fest werden lassen, erhalten sie eine schön geschwungene Form.**

### SCHOKOLADENRÖLLCHEN

Schokolade im Wasserbad schmelzen und auf einer festen, glatten Oberfläche – beispielsweise auf einem Backblech – gleichmäßig dünn ausstreichen.

Nur kurz anhärten lassen, damit die Schokolade noch formbar ist und gerollt werden kann. Mit einer Messerklinge im 45°-Winkel hineinstechen und vorsichtig nach vorne drücken. Die Schokolade löst sich streifenweise ab und rollt sich auf.

### SCHOKOLADENBLÄTTER

Für die Zubereitung von Schokoladenblättern ein paar ungiftige Blätter sammeln, beispielsweise von einer Stechpalme, denn diese sind schön fest. Blätter waschen und trocknen lassen. Schokolade im Wasserbad schmelzen.

Mit einem Pinsel die Unterseite der Blätter mit flüssiger Schokolade bestreichen. An den Stellen, an denen die Blattadern am stärksten ausgeprägt sind, eine besonders dicke Schicht auftragen.

Auf eine Platte legen und 30 Minuten im Kühlschrank hart werden lassen. Herausnehmen und das Schokoladenblatt vom Pflanzenblatt lösen.

*Früher war im Dreikönigskuchen eine echte Hülsenfrucht versteckt (beispielsweise eine Bohne oder eine Erbse), aber zu viele vom Schicksal auserwählte „Könige" entzogen sich ihrer Pflicht, indem sie diese schlicht und einfach verschluckten. Deshalb wurde sie durch ein Porzellanbaby ersetzt, als Symbol für das Christuskind.*

# Provenzalischer Dreikönigskuchen

12 g frische Hefe
250 g Mehl
3 EL Orangenblütenwasser
70 g Zucker
90 g Butter
1 großes oder 2 kleine Eier
einige kandierte Früchte
2 EL Puderzucker

## Großmutters Geheimnis

**Dieser Teig wird von Hand verknetet. Aber keine Angst, stellen Sie einfach eine kleine Schüssel mit etwas Mehl in Reichweite, damit Sie Ihre Hände regelmäßig mit Mehl bestäuben können.**

Hefe zerbröseln und mit 1 Esslöffel Mehl mischen. Mit 1 Esslöffel Orangenblütenwasser verkneten. Die so entstandene feste Kugel in eine Schüssel lauwarmes Wasser geben. Wenn die Kugel an die Oberfläche steigt, ist die Hefe aufgegangen.

Restliches Mehl, Zucker, weiche Butter und Ei in einer Schüssel von Hand verkneten. Hefekugel abtropfen lassen und in den Teig einkneten. Sobald der Teig nicht mehr klebt, ihn auf der Arbeitsfläche abschlagen.

Teig in eine größere Schüssel geben, mit einem sauberen Tuch abdecken und ein paar Stunden an einem warmen Ort gehen lassen. Mindestens zweimal wieder zusammenstauchen, indem der Teig leicht, aber kraftvoll auf die Arbeitsfläche geschlagen wird.

Wenn der Teig gut aufgegangen ist, kranzförmig auf ein Backblech legen, kandierte Früchte darauf verteilen und nicht vergessen, eine kleine Porzellanfigur darin zu verstecken. Wer die Figur beim Essen in seinem Stück findet, darf für einen Tag der „König" des Hauses („Bohnenkönig") sein.

30 Minuten gehen lassen.

Backofen auf 220 °C vorheizen.

Kuchen im vorgeheizten Ofen 10–15 Minuten backen.

Kranz nach dem Abkühlen mit einer Glasur aus Puderzucker und dem restlichen Orangenblütenwasser überziehen.

 *Marzipan — eine Masse aus gemahlenen Mandeln und Zucker — heißt in Frankreich „frangipane". Diesen Namen verdankt es — wohl aufgrund seines delikaten Duftes — dem berühmten Romain de Frangipani, einem Parfümeur im Paris zur Zeit Ludwigs XIII.*

# Dreikönigskuchen mit Mandelcreme

150 g Mandeln (gemahlen)
125 g Zucker
75 g Butter
1 Ei + 1 Eigelb
2 bzw. 3 Tropfen Bittermandelöl
1 Esslöffel Rum
2 runde Blätterteige

Gemahlene Mandeln mit Zucker und weicher Butter verkneten. Verquirltes Ei mit Bittermandelöl und Rum zugeben und einkneten.

Backofen auf 210 °C vorheizen.

Masse auf dem ersten Blätterteig verteilen, dabei am Rand 2 Zentimeter frei lassen. Eine kleine Porzellanfigur in der Masse verstecken.

Rand mithilfe eines Pinsels anfeuchten, zweiten Teig darüberlegen. Teig am Rand fest andrücken. Außenrand des Kuchens gegebenenfalls mit einem Messerrücken verzieren.

Oberseite mit Eigelb bestreichen. In die Mitte des Kuchens ein kleines Loch stechen. Kuchen mithilfe einer Gabel oder eines Messers verzieren (z. B. ein Blumenmuster einritzen) und 30 Minuten im vorgeheizten Ofen backen.

Lauwarm servieren.

## Großmutters Geheimnis

**Ihre Mandelcreme schmeckt wie vom Konditor, wenn Sie 120 Gramm Konditorcreme (Vanillecreme) in die Mandelcreme rühren.**

Mariä Lichtmess

*Diese kleinen Pfannkuchen aus der französischen Normandie sind eine Variation der traditionellen hauchdünnen Crêpes. Sie können hierfür übrig gebliebene, schon leicht runzlige Äpfel verwenden — symbolisch für den nicht enden wollenden Winter.*

# Normannische Apfelpfannkuchen

**FÜR 6 KLEINE PFANNKUCHEN**

2 Eier
½ Päckchen Vanillezucker
170 g Mehl
400 ml Milch
etwas Salz
50 g Butter
2 EL Calvados
3 große Äpfel
1 Zitrone
2 TL Zimt
5 EL Rohrzucker

Eier in einer Schüssel mit Vanillezucker verrühren. Nach und nach Mehl, 300 Milliliter Milch, 1 Prise Salz und 20 Gramm geschmolzene Butter zugeben. Mit Calvados abschmecken.

Solange der Teig ruht, Äpfel schälen, vom Kerngehäuse befreien und Früchte in dünne Spalten schneiden.

Zitrone auspressen und Saft über die Äpfel träufeln.

Äpfel in der restlichen Butter mit Zimt und Rohrzucker karamellisieren. Beiseitestellen.

Restliche Milch zum Teig geben und unterrühren.

Zum Ausbacken der kleinen, dicken Pfannkuchen in eine eingefettete heiße Pfanne eine Schöpfkelle voll Teig hineingeben und ein paar karamellisierte Apfelscheiben darauf verteilen.

Bei mittlerer Hitze zugedeckt garen, sodass der Pfannkuchen gleichmäßig bäckt.

## Großmutters Geheimnis

**Diese Pfannkuchen schmecken heiß wunderbar mit einem Klecks Sahne oder einer Kugel Vanilleeis.**

 *Unsere Großmutter wendete Crêpes mit einer Hand. In der anderen hielt sie ein Geldstück und sagte zu uns Kindern, wir sollten uns dabei etwas wünschen. Ließ sich der Crêpe problemlos wenden, sollten mit dem Frühling Wohlstand und Reichtum Einzug halten.*

# Crêpes

250 g Mehl
50 g Zucker
etwas Salz
3 Eier
500 ml Milch
50 g geschmolzene Butter
Aroma nach Wahl (Rum,
   Grand Marnier oder
   Orangenblütenwasser)
etwas Öl

## VARIANTE

*Wenn Sie ein halbes Glas Milch durch die gleiche Menge Bier ersetzen, werden Ihre Crêpes luftiger. Sie können auch kleine Apfelstückchen, gehackte Nüsse oder Rosinen zum Teig geben.*

## Großmutters Geheimnis

**Wenn Sie die Crêpes nicht sofort essen, stapeln Sie sie auf einem Teller, decken Sie sie mit Alufolie ab und stellen Sie sie auf einen Topf mit heißem Wasser.**

Mehl in eine Schüssel geben und in die Mitte eine Vertiefung eindrücken. Zucker, 1 Prise Salz und Eier in die Mulde geben und mit einem Rührbesen oder den Quirlen eines elektrischen Rührgeräts verrühren, dabei das Mehl nach und nach unterheben. Milch unter Rühren nach und nach zugeben, bis ein flüssiger Teig entstanden ist. Wenn sich Klümpchen bilden, Teig durch ein feines Sieb gießen. Butter und gewünschtes Aroma zufügen und verrühren.

Schüssel mit einem sauberen Tuch abdecken und 1 Stunde ruhen lassen.

Etwas Öl in ein Schälchen füllen, Küchenpapier zusammenknüllen und darin eintauchen, um die Pfanne damit einzufetten. Pfanne erhitzen.

Eine kleine Schöpfkelle voll Teig hineingeben. Pfanne in alle Richtungen kippen, damit sich der Teig in der gesamten Pfanne verteilt.

Goldbraun ausbacken, Crêpe wenden. Zweite Seite ausbacken, Crêpe auf einen Teller gleiten lassen. So oft wiederholen, bis der komplette Teig verbraucht wurde.

Mit Zucker, Konfitüre oder zu kleinen Dreiecken gefaltet servieren. Sie können die Crêpes auch mit Vanillecreme oder Fruchtkompott garnieren, die Ränder hochklappen und den Crêpe mithilfe eines dünnen Streifens Vanillemark verschließen.

 *Diese Crêpes können im Voraus vorbereitet und während des Essens im Ofen fertig gebacken werden. Man muss in diesem Fall aber auf das Ritual verzichten, die Crêpes vor den Gästen durch die Luft zu wirbeln. Dieses Dessert ist mit seiner eleganten Note eine perfekte Nachspeise für festliche Anlässe!*

# Gefüllte Crêpes mit Orangenlikör

175 g Mehl
75 g Zucker
etwas Salz
2 Eier + 2 Eigelb + 3 Eiweiß
500 ml Milch
25 g geschmolzene Butter
100 ml Orangenlikör (Grand
  Marnier)
abgeriebene Schale von
  1 unbehandelten Orange
etwas Öl

### Großmutters Geheimnis
**Damit Ihre Crêpes gut gelingen, lassen Sie die Pfanne vorher heiß werden und regulieren Sie die Temperatur dann auf mittlere Hitze herunter. Ist sie nicht warm genug, bleiben die Crêpes zu hell; ist sie zu heiß, verbrennen sie zu schnell.**

125 g Mehl in eine Schüssel geben und in die Mitte eine Vertiefung eindrücken. 25 Gramm Zucker, 1 Prise Salz und 2 Eier in die Mulde geben und mit einem Rührbesen oder den Quirlen eines elektrischen Rührgeräts verrühren, dabei das Mehl nach und nach unterheben. 250 Milliliter Milch unter Rühren nach und nach zugeben, bis ein flüssiger Teig entstanden ist. Wenn sich Klümpchen bilden, Teig durch ein feines Sieb gießen. Geschmolzene Butter und 50 Milliliter Orangenlikör zufügen und unterrühren.

Schüssel mit einem sauberen Tuch abdecken und 1 Stunde an einem kühlen Ort ruhen lassen.

Restliche Milch in einem Topf mit der Orangenschale aufkochen. In einer Schüssel Eigelb mit restlichem Zucker und Mehl verrühren. Masse zur kochenden Milch geben und Creme bei schwacher Hitze unter ständigem Rühren erneut aufkochen.

Wenn die Creme eingedickt ist, restlichen Orangenlikör zufügen und abkühlen lassen. Eiweiß steif schlagen und unter die Creme heben. Cêpes in einer Pfanne mit Öl ausbacken.

Crêpes mit Cremefüllung bestreichen und aufrollen. In eine gebutterte Auflaufform schichten und 5 Minuten bei 230 °C backen. Schnell servieren.

Karneval

 *Waffeln gibt es schon sehr lange. Bereits im Mittelalter wurden sie an Festtagen auf Markt–plätzen, an Straßenecken und sogar an den Portalen der Kirchen verkauft. Noch heute erinnert uns Erwachsene ihr Duft an Jahrmarkt, Rummel und Kirmes aus Kindertagen.*

# Waffeln

300 g Mehl
75 g Zucker
etwas Salz
2 Eier
100 g Butter
500 ml Milch
1 Päckchen Trockenhefe

Mehl in eine Schüssel geben, in die Mitte eine Vertiefung eindrücken. Zucker, 1 Prise Salz, Eier, geschmolzene Butter und die in ein wenig lauwarmer Milch aufgelöste Hefe in die Vertiefung geben. Wird das Eiweiß vorher steif geschlagen, werden die Waffeln leichter und knuspriger.

Alles verrühren, nach und nach Milch zugeben.

1 Stunde abgedeckt ruhen lassen.

Etwa 2 Minuten von jeder Seite im sehr heißen Waffel-eisen ausbacken.

Sofort servieren. Sie können die Waffeln mit Puderzucker bestäuben, mit Konfitüre oder Honig bepinseln, mit Maronen- oder Schokoladencreme bestreichen bzw. mit einem Klecks Sahne oder Fruchtkompott reichen.

## Großmutters Geheimnis

**Sie können Ihren Waffelteig ganz individuell nach Belieben mit Orangenblütenwasser, Rum, Vanille, Zimt oder sogar Anissamen aromatisieren!**

 *Diese Art Krapfen aus Brandteig stammt aus dem Kloster Baume-les-Dames in der französischen Region Franche-Comté. Im Volksmund hießen sie Nonnenfürzle, man fand diesen Ausdruck aber schnell ein wenig vulgär und nannte sie lieber „Nonnenseufzer"!*

# Nonnenfürzle

250 ml Milch
abgeriebene Schale von
  1 unbehandelten Zitrone
1 EL Zucker
50 g Butter
150 g Mehl
5 Eier
Öl zum Frittieren
etwas Puderzucker

## Großmutters Geheimnis

**Schmecken Sie den Teig mit
der abgeriebenen Schale von
1 unbehandelten Zitrone, ein wenig
Orangenblütenwasser oder einem
knappen Löffel Rum ab.**

Milch mit Zitronenschale, Zucker und der in Stücke geschnittenen Butter in einem Topf erhitzen.

Vom Herd nehmen und Mehl auf einmal zugeben – dies ist wichtig, damit der Teig gut gelingt.

Mit einem Holzlöffel verrühren und wieder auf den Herd stellen, dabei ständig weiterrühren, damit die Flüssigkeit im Teig verkocht. Wenn sich der Teig von der Topfwand löst, Topf vom Herd nehmen.

Eier einzeln zugeben, dabei immer warten, bis ein Ei komplett mit dem Teig verrührt ist, bevor das nächste zugegeben wird.

Öl zum Frittieren erhitzen. Mithilfe von 2 Teelöffeln kleine Teigkugeln formen, ins Frittieröl gleiten lassen und einmal wenden.

Wenn sie eine schöne goldbraune Farbe haben, auf Küchenpapier abtropfen lassen. Mit Puderzucker bestäuben und sofort servieren.

 *Krapfen, Berliner, Pfannkuchen, Kreppel, Fastnachtsküchle … Viele verschiedene Namen für ein und dieselbe Leckerei. Überall zur Faschingszeit brutzelt das Öl, staubt der Puderzucker, zieht der leckere Geruch nach Schmalzgebäck durch die Küchen …*

# Faschingskrapfen

2 Eier
etwas Salz
Aroma nach Wahl
  (1 TL Armagnac, Rum, Cointreau
  oder Orangenblütenwasser)
50 g Zucker
250 g Mehl
40 g geschmolzene Butter
Öl zum Frittieren
etwas Puderzucker
Konfitüre nach Belieben

### Großmutters Geheimnis

**Testen Sie die Temperatur des Frittieröls mit einem Stück Weißbrot (das Öl ist perfekt, wenn das Brot in 30 Sekunden braun wird) und lassen Sie sich Zeit: Wenn Sie zu viele Krapfen auf einmal frittieren, führt das zu einem schnellen Temperaturabfall und sie saugen sich stärker mit Fett voll, bis sie herausgeholt werden.**

In einer Schüssel Eier mit einer Prise Salz, Aroma nach Wahl und Zucker verquirlen.

Mehl in eine Schüssel geben. In der Mitte eine Vertiefung eindrücken und geschmolzene Butter und Ei-Zucker-Mischung hineingeben. Teig gut verkneten und 2–3 Stunden an einem kühlen Ort ruhen lassen.

Arbeitsfläche mit Mehl bestäuben und Teig darauf ausrollen.

Mit einem großen bemehlten Trinkglas runde Krapfen (ca. 7 Zentimeter Durchmesser) aus dem 2–3 Zentimeter dicken Teig ausstechen und abgedeckt etwas gehen lassen. Für die französische Variante 3–4 Zentimeter breite und 10 Zentimeter lange Streifen ausschneiden, locker zu Schleifen aufrollen oder verknoten. Der Teig kann entweder mit einem Messer oder mit einem Teigschneider mit gewelltem Rädchen in Streifen geschnitten werden, die längs oder quer geschlitzt werden, oder auch in Form von Rauten, Quadraten oder Rechtecken geteilt werden.

Krapfen in das kochende Frittieröl geben. 4–5 Minuten unter mehrmaligem Wenden frittieren. Auf Küchenpapier abtropfen lassen. Mit Puderzucker bestäuben und entweder warm, lauwarm oder kalt servieren. Nach Belieben Konfitüre in die abgekühlten Krapfen einspritzen.

 *Zum Osterfest gibt es nichts Schöneres als einen Kuchen in Nestform, in den die Eier gelegt werden, die der Osterhase gebracht hat — ein herrlich köstlicher Kuchen, der auch ein Zeichen dafür ist, dass die Fastenzeit nun endgültig vorüber ist.*

# Osterkuchen

200 g Zartbitterschokolade
100 g Butter + etwas Butter
   für die Form
4 Eier
125 g Zucker
75 g Mehl
1 TL Backpulver
60 g Mandeln (gemahlen)

Backofen auf 200 °C vorheizen.

Schokolade mit 3 Esslöffeln Wasser im Wasserbad schmelzen. Vom Herd nehmen, die in Stücke geschnittene Butter zugeben und zu einer glänzenden, glatten Masse verrühren.

Eier mit Zucker in einer Schüssel schaumig schlagen. Mehl sieben, mit Backpulver mischen und mit den gemahlenen Mandeln zugeben. Mit geschmolzener Schokolade verrühren.

Teig in eine gefettete Kranz- oder Gugelhupfform füllen und 30 Minuten im vorgeheizten Ofen backen. Lauwarm aus der Form nehmen und auf einer Kuchenplatte anrichten.

## Großmutters Geheimnis

**Zum Dekorieren können Sie Schokoladenstreusel
auf dem Kuchen verteilen und die offene Mitte
als Nest benutzen, indem Sie ein paar kleine
bunte Zucker- oder Schokoladeneier hineinlegen.**

*Dieser Festtagskuchen ist so frisch wie ein Frühlingstag. Die Farben — Weiß und Orange — erinnern an Eier, die Symbole für Ostern, sowie an die ersten Blüten und Blumen der langsam wieder erwachenden Natur …*

# Saftiger Orangenkuchen

4 Eier
200 g Zucker
4 unbehandelte Orangen
200 g Mandeln (gemahlen)
etwas Butter für die Form
200 g Puderzucker
kandierte Kirschen
kandierte Engelwurz oder
   Holunderblüten

## Großmutters Geheimnis

**Für eine perfekte Glasur muss die Masse schön dick und nicht zu flüssig sein. Mit ein wenig Puderzucker können Sie sie gegebenenfalls andicken.**

Backofen auf 150 °C vorheizen.

Eier trennen. Eigelb mit 150 Gramm Zucker schaumig rühren.

1 Orange waschen, Schale abreiben und zu der Masse geben.

Saft von 2 Orangen auspressen und mit den gemahlenen Mandeln der Eimasse zufügen und unterrühren.

Eiweiß steif schlagen. Nach und nach den restlichen Zucker einrieseln lassen. Eischnee vorsichtig unter die Masse heben.

Springform gut einfetten, Boden der Form mit Backpapier im Durchmesser der Form auslegen. Teig hineingießen und 50 Minuten im vorgeheizten Ofen backen.

Kuchen abkühlen lassen und aus der Form nehmen.

Saft von 1 Orange auspressen und unter ständigem Rühren nach und nach zum Puderzucker geben, bis eine weiße, dickflüssige Creme entstanden ist. Wenn die Orange sehr saftig ist, muss nicht der komplette Saft verwendet werden.

Glasur mithilfe eines Teigspatels auf dem Kuchen verteilen.

Glasur an einem kühlen Ort fest werden lassen. Restliche Orange in sehr dünne Scheiben schneiden. Kuchen mit Orangenscheiben und kandierten Früchten bzw. Kräutern garnieren.

 *Als Kinder freuten wir uns unbändig, wenn wir dieses mit Creme gefüllte Brandteiggebäck sahen — ein Dessert nach unserem Geschmack! Ein Windbeutel, zwei Windbeutel, drei Windbeutel … was für ein Genuss! Das Beste kam zum Schluss …*

# Windbeutel

etwas Salz
80 g + 1 TL Zucker
60 g Butter
175 g Mehl
4 Eier
500 ml Milch
½ Vanilleschote
3 Eigelb
etwas Puderzucker
etwas geschmolzene Schokolade
   oder Karamell

## Großmutters Geheimnis

**Wenn Sie keinen Spritzbeutel haben, behelfen Sie sich mit zwei Teelöffeln, um die Teigkugeln auf das Blech zu setzen. Wenn der Brandteig gebacken ist, schneiden Sie vorsichtig einen Deckel ab, um die Windbeutel mit der Creme zu füllen.**

Backofen auf 180 °C vorheizen.

250 Milliliter Wasser in einem Topf mit 1 Prise Salz, 1 Teelöffel Zucker und in Stücke geschnittener Butter aufkochen lassen. Vom Herd nehmen und 125 Gramm Mehl auf einmal zugeben.

Mit einem Holzlöffel kräftig rühren, damit eine glatte Masse entsteht. Unter ständigem Rühren weitere 4–5 Minuten kochen lassen, um der Masse Flüssigkeit zu entziehen. Vom Herd nehmen, wenn die Masse sich von der Topfwand löst. Eier nacheinander zufügen. Wenn ein Ei komplett mit dem Teig verrührt ist, nächstes Ei zugeben.

Teig in einen Spritzbeutel mit einer Tülle von 1,5 Zentimeter Durchmesser füllen. Kleine Teigkugeln mit etwas Abstand auf ein mit Mehl bestäubtes Backblech spritzen. Im vorgeheizten Ofen 20 Minuten backen.

Währenddessen Milch mit einer halben aufgeschlitzten Vanilleschote aufkochen.

Eigelb, 80 Gramm Zucker und restliches Mehl in einem Topf verrühren. Kochende Milch unter kräftigem Rühren zugießen. Weitere 2–3 Minuten unter ständigem Rühren kochen lassen. Creme in einer großen Schüssel abkühlen lassen.

In jeden Windbeutel ein kleines Loch machen. Windbeutel mithilfe eines Spritzbeutels mit einer Tülle in der Dicke eines Bleistifts füllen. Mit Puderzucker bestäuben oder pyramidenförmig anrichten, mit geschmolzener Schokolade oder Karamell übergießen.

*An Ostern hoffen große und kleine Naschkatzen immer auf ein Dessert mit Schokolade,
unsere Großmutter enttäuschte uns nicht. Von diesem Kuchen mit dem vielversprechenden
Namen wurden wir alle nur zu gerne in Versuchung geführt. Vor dem Servieren ließ sie es
sich nicht nehmen, ihn liebevoll zu dekorieren …*

# Schokoladige Verführung

300 g Schokolade
4 EL Crème fraîche
1 Päckchen Vanillezucker
6 Eiweiß
150 g Zucker
180 g Mandeln (gemahlen)
etwas Butter für die Form
etwas Mehl für die Form
1 gehäufter EL Kakaopulver ohne
    Zucker

Backofen auf 230 °C vorheizen.

Schokolade mit 2 Esslöffeln Wasser im Wasserbad
schmelzen. Vom Herd nehmen, Crème fraîche und
Vanillezucker kräftig unterrühren, bis eine glatte und
glänzende Masse entstanden ist. Abkühlen lassen.

Eiweiß sehr steif schlagen. Zucker und gemahlene
Mandeln mischen und unter den Eischnee heben.

Einen Tortenring großzügig einfetten und mit Mehl
bestäuben. Teig aus Zucker, Mandeln und Eiweiß zu
2 Scheiben mit je 20 Zentimeter Durchmesser ausrollen.
Tortenring um den Teig legen und im vorgeheizten
Ofen jeweils nacheinander 8 Minuten backen.

Ersten Teig auf eine Kuchenplatte legen, mit der Creme
aus Schokolade und Crème fraîche etwa 1 Zentimeter
dick bestreichen, zweiten Teig darüberlegen und
1 Stunde kalt stellen.

Restliche Schokoladenmasse auf dem Kuchen verteilen,
glatt streichen und mit Kakao bestäuben.

## Großmutters Geheimnis

**Aus dem übrig gebliebenen Eigelb
können Sie eine Englische Creme
machen und zum Kuchen servieren.**